補助金から学ぶ経営者マインド

藤井孝介
FUJII KOSUKE

幻冬舎 MC

補助金から学ぶ経営者マインド

プロローグ

補助金は経営者の特権

「うまくいくと思っていたのに、なぜか赤字が続いてしまう」
「新しい事業を立ち上げたいのに、銀行がお金を貸してくれない」
「補助金の申請の仕方がわからない」
「自分に合った補助金かどうかわからない」
「税理士も社労士も補助金を教えてくれない」
「日本語なのに、役所の文章が意味わからない」
「失敗するリスクが怖い」
「お金をかけずに起業をしたい」
「投資家マインドを身につけたい」
「社会に貢献できる優れた経営者になりたい」
「せっかく資格を取ったのに、収入が上がらない」

こんな想いを持っている方に贈ります。

はじめに

どんな経営者でも、黒字を出し続けるために

今よりもっと成功したい……。

そんなことが、ふと頭をよぎりませんか。

この本を手にしてくださったということは、ひょっとするとあなたも同じように考えたことがある一人なのではないでしょうか？

実は、ほとんどの経営者は会社のお金をどうやって回していくか、つまり、資金繰りに悩み続けています。

悩んでいるのは、決してあなただけではありません。

そこで、いきなりですが、まず結論から申し上げます。

黒字にする方法、それは「売り上げを増やして、費用を減らす」。これだけです。

「それができないから困っているんだよ」と思うかもしれません。

ですが本書でお伝えすることを試していただければ、あなたは必ず事業を軌道に乗せることができます。

それだけであなたを苦しめてきた資金繰りの悩みが、またたく間になくなっていきます。

そして、黒字経営のコツを習得したあなたの手元には、夢中になれる仕事や良き仲間、

そして予想もしていなかったお金が残ります。

さらに、今までできなかった本当にやりたいことができるようになります。

新規事業でいち早く利益を出している経営者は、特別なことはほとんどやっていません。

誰でも知ることができる、「ある情報」を手にしているだけです。

ちょっとその前に質問です。

あなたにとって優れた経営者とは、どんな人でしょうか？

人を雇わず、固定費をできるだけ下げ、自分の利益だけを求める経営者でしょうか？

あるいは、パソコン一つで色々な場所を点々とし、気ままに仕事をしている経営者でしょうか？

残念ながら、本書でお伝えする内容は、自分一人が豊かになる方法ではありません。

もっと関わる人すべてを幸せにするものです。

スタッフ、取引先、家族、社会……といった人たちみんなが得をする事業を立ち上げ、大きくし、関わる人すべてが喜ぶ経営をすることです。

いまはどんなに稼げていても、10年後も稼げるものでないと意味がありません。

逆に言えば、先を見据えて事業に投資をし続けることができれば、時代の変化を読み取り黒字を出し続けることができます。

あなたの周りにいる人が得をすることで、それが何倍にもなって自分に返ってきます。

26歳のときに、農林水産省で補助金の制度を創り、補助金の説明会をしてきた私ですが、官僚時代にたくさん失敗してきました。経営者の悩みを公務員だった私は、わからなかったのです。

詳しくは本文（おわりに）にゆずりますが、振り返ってみると、経営者に必要な補助金の情報をわかりやすく伝えられず、困らせてばかりいました。

このままでは私が官僚を志した時の「日本をもっと良くしたい」という願いは果たせないと思いました。

だから、公務員を辞め、個人事業主としてのキャリアを歩みました。今では会計事務所の取締役として、毎日多くの経営者の悩みを聞いています。

私自身の話もさることながら、あなたの周りにいる経営者を想像してみてください。今月の売り上げを必死に上げようとしていませんか？

補助金を知らないために、損している方はいませんか？

「なぜあの経営者は、こんなに事業を大きくできるのだろう？」

「創業して間もないのに、どうしてあんなに融資を受けて急拡大しているのだろう？」

補助金一つで、あなたの未来は大きく変わります。

そしてその分岐点は、補助金の情報を持っているかどうか、で決まるのです。

経営者は誰しも、目の前の仕事に追われ、補助金について知る時間は取れないものです。

本書に出会ってくださったあなたには、ぜひ補助金を使って事業を大きくしてほしい。

そんな想いで、書きました。

昨今、新型コロナウイルスが流行したことで、目移りするほどたくさんの補助金がつくられています。

ネットで「補助金」と検索すれば、無数のセミナーや補助金支援業者が出てくることでしょう。

これは、それだけ補助金の使い方で悩んでいる人が多いことの表れです。

しかし、単に専門家に相談するだけでは、残念ながらうまくいきません。それは、「補助金は応募する前の準備が99％大事だから」です。

もし、楽をして稼ぐ方法が知りたい方には、この本はお薦めしません。

ほかの「こういう風にすればうまくいく」的な内容を書いている本をお探しください。

しかし、「補助金の使い方」について、その根幹から学びたいと思っているあなたにはピッタリの本です。

本書には私が考案したフィクションの事例を多く収録し、補助金のことを深く理解していただけるようにしました。

それがあなたの経営を根底から変えていくことになると信じているからです。

もう一度、断言します。

経営は「補助金」を使いこなすことで、うまくいきます。

第3章　あなたに必要な補助金

第4章　未来に投資するための補助金

第5章　補助金申請の成功例・失敗例

おわりに　官僚という肩書きを捨てたあの日

第 1 章

補助金の基礎知識

この章では、補助金に関する基本的な説明からメリットまでを簡単に説明します。

補助金とは？

補助金は経営者の「権利」です

「補助金」

この言葉を、耳にしたことのある方も多いのではないでしょうか。

最近テレビやインターネットでよく見かけるようになったこの言葉、よくご存知ない方のために紹介しておきましょう。

この言葉は、読んで字のごとく「やりたいことを補助するお金」です。

例えば、「半年後、ここにお金をかければ、売り上げがもっと上がって、いずれは社員を増やせるかもしれない」。

このとき、補助金を活用すれば経営者のお金の負担を減らすことができます。

要するに、補助金は経営者のチャレンジを後押しする制度なんですね。

国
自治体
国と自治体は
補助金で経営者の
チャレンジを後押し
利益
補助金を活用して
更にビジネス拡大しよう！

経営者は補助金をうまく活用して
業績アップを目指そう！

では、どんなチャレンジにも利用することができるのでしょうか？

国や自治体は、日本をもっと良くしていきたいと考えているため、企業がもっと業績を伸ばせるような挑戦を応援しています。

補助金の財源は皆さんから集めた税金ですので、もちろん限りがあります。

そこで国や自治体は、特に力を入れてほしい業界や分野にしぼって、補助金が使える企業の取り組みを決めています。

つまり、補助金は経営者だけが使える権利なのです。

たくさんの種類の補助金がある

では具体的にどんなチャレンジが補助金の対象になるのでしょうか？

補助金は国・都道府県・市区町村を合わせると数百種類が募集されています。

それぞれの補助金ごとに、どんな業界の企業が、どんな挑戦に対して支援を受けられるかが決まっています。

例えば、中小企業庁が出している「小規模事業者持続化補助金」は個人事業主、数名規模の法人向けの補助金です。

経営者は従業員の給料を引き上げたり、社会保険を支払ったりと、責任や負担が大きいので、売り上げを増やしていかなければなりません。

売り上げを増やすためには、お客さんにたくさん商品を買ってもらう必要があります。そこで、商品の開発費用や広告宣伝費に対して、国が補助金を出す、というわけです。このような情報は「公募要領（補助金のルールブック）」にまとめられています。

もう一つ例を挙げてみましょう。

有名な補助金の一つとして、中小企業庁が出している「ものづくり補助金」というものがあります。

正式名称は「ものづくり・商業・サービス生産性向上促進補助金」と言いますが、長いので覚えなくて良いです。

簡単に言うと、自社が今までに築いてきた技術や実績などを使って新しい商品を製造したり、あるいは生産工程を見直して一度にたくさんの商品をより安く提供したりする取り組みに使うことができます。

これは創業間もない企業というよりは、数年会社を経営して、次の打ち手を考え出す段階で活用するものです。

補助金の対象になる経費も、新しい商品やサービスをつくり上げるものに特化していて、主に設備導入費用や商品開発費用が対象となり、逆に広告宣伝費は原則補助対象になりません。

今までは国から出される補助金を紹介してきましたが、似たような補助金は都道府県単位でも募集されています。

東京都の「躍進的な事業推進のための設備投資支援事業」は東京都内で事業を行っている中小企業が申請できる補助金です。

ものづくり補助金と同じく、機械設備の導入費用を補助金の対象にすることができます。

このように、補助金は国以外でもたくさんの種類が年中募集されているんですね。

補助金は割引シール

使ったお金が返ってくる

「補助金」と聞くと、申請すればお金がもらえる、と考える方がいるかもしれません。

しかし正確には「使ったお金が返ってくる」と捉えましょう。

感覚的には、お金を使った後忘れた頃に補助金が入ってくるようなイメージです。

補助金を受け取るためには、どんな取り組みをするか計画書としてまとめ、審査をパスする必要があります。

計画書が採択されたら、計画通りにお金を使って、事務局に報告を行います。

すると、計画を進めるために必要だった経費の一部が補助金として支払われます。

例えば、計画通りに事業を進めたら費用が100万円かかるとします。

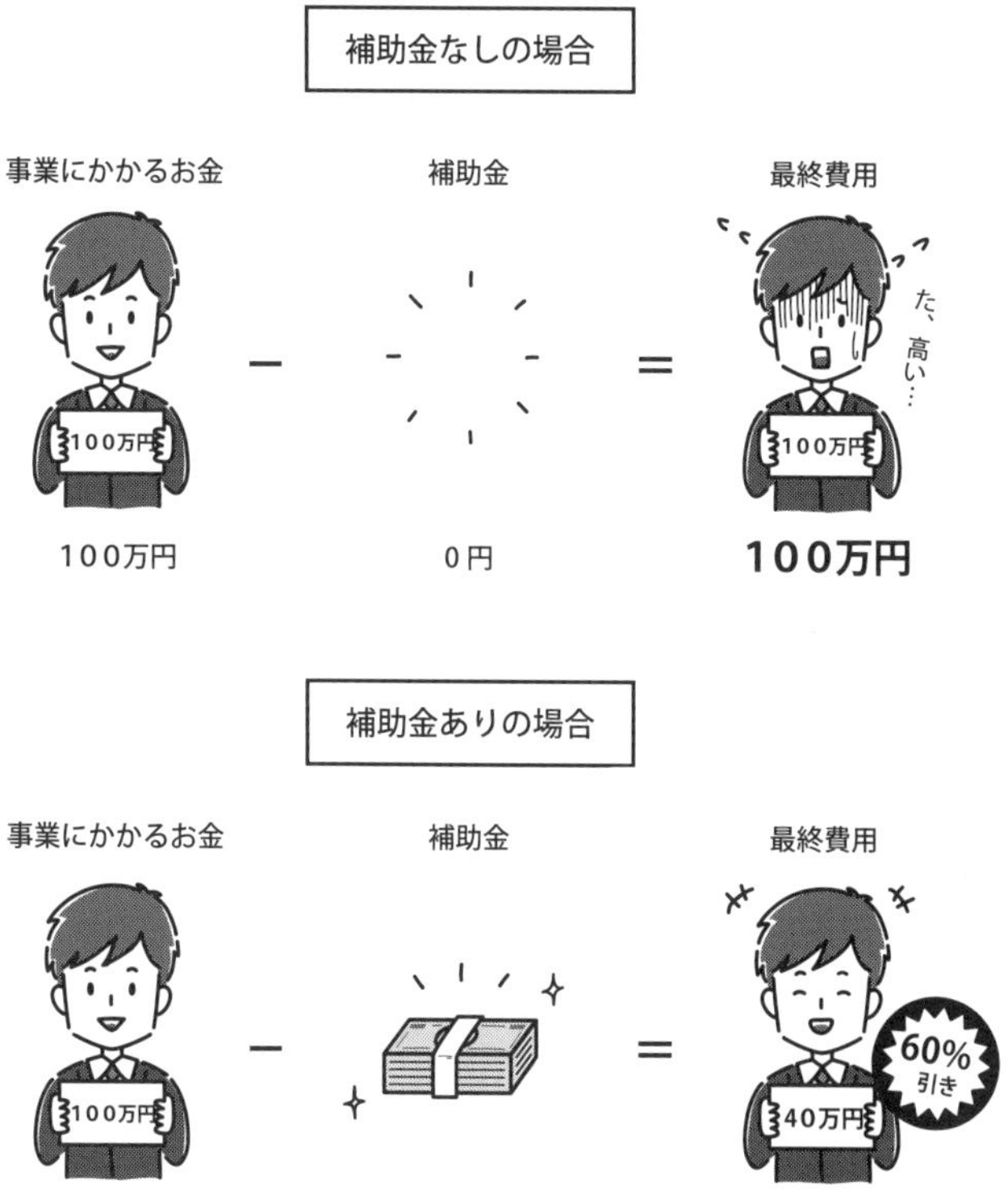

補助金＝スーパーの割引シールと一緒！

補助金が60万円もらえるとすると、１００万円を支払った後に60万円がもらえるので、わずか40万円で計画を進めることができます。

見方を変えれば、１００万円分の取り組みを、60万円割引して行うことができます。

補助金はスーパーの割引シールのようなものだと捉えましょう。

補助金の対象にできる経費は決まっている

補助金は割引シールのようなものだと考えた時に、もう一つ注目すべき特徴があります。それは「補助金として申請できる経費と申請できない経費がある」ということです。

スーパーでも、割引シールが貼られているのは賞味期限が近づいているものに限られていますよね。

同じように、補助金の種類ごとに補助対象にできる経費は決められています。どの経費が補助金の対象になるかは補助金の種類によって異なるのですが、大抵の補助金は機械設備の購入費用や広告宣伝費を補助金の対象にすることができます。

逆に、従業員の給料や店舗の家賃、車などはほとんどの場合、補助金の対象にすることができません。

例えば雑貨屋さんがオンラインショップ販売を新しくつくりたいと考えたときに、オンラインショップをつくるための外注費は補助金の対象にできます。

オンラインショップの管理や更新などを行う新しい従業員を雇う費用は補助金の対象になりません。

補助金を使いたいと思った時にはまず、そもそも補助金として申請できる経費かどうかをチェックしましょう。

補助金は助成金とどう違うのか？

助成金＝臨時収入

「補助金」によく似た言葉に「助成金」というものがあります。

同じようなものに思われがちですが、実は全く異なります。

補助金は、使ったお金が返ってくるという制度です。

お金の使い道が決まっていますし、補助金は使ったお金の一部しかもらえません。

対して、助成金は条件に合う取り組みを行うとお金がもらえる、という制度です。

もっと荒っぽく言うと「申請すればもらえるお金」です。

例えば、有期雇用労働者の正社員化や待遇改善などを行う企業が申請できるキャリアアップ助成金は有名ですね。

これは、従業員の仕事や生活をより良いものにしていきたいという厚生労働省が出している助成金です。

これにより給料が上がり、前よりも充実した仕事ができるようになった従業員も少なくないはずです。

助成金は臨時収入なので、従業員の給料や家賃を支払うのも良いですし、新しい備品を買うなど、使い道を自由に選ぶことができます。

主にアルバイトを正社員として再雇用したり、社員教育に力を入れたりしている企業が使えます。

また、補助金は応募締め切りがありますが、助成金は通年募集しています。

もし条件を満たしているものがあれば、支援が受けられます。

「助成金＝臨時収入」と覚えておいてください。

※東京都の一部の補助金は「助成金」という言葉が使われているなど、例外はあります。

助成金に似た制度

助成金の性質を一言で表すと「国の方針に協力してくれたら、支援します」というものです。

主に会社員の雇用や待遇を良くしていく企業がもらえるため、会社員の生活を守るために一役買っているんですね。

これに似た言葉で「支援金」「協力金」「給付金」などの制度があります。新型コロナウイルスが猛威をふるった2020年頃から話題になりましたよね。

これらの制度は、名前こそ違いますが、助成金と本質は似ています。「コロナのせいで売り上げが下がった」「時短営業に協力した」など、国の方針や経営状況が条件とマッチしていれば、臨時収入がもらえます。

補助金を将来の事業拡大の攻めのお金とするならば、助成金などは現在の雇用や経営に対する守りのお金と言えるでしょう。

ただし、助成金などを活用するときに気をつけてもらいたいのが、どうやって申請したら良いかわからないことが挙げられます。

もらって自由に使えるお金だからこそ、条件が非常に厳しく、わかりづらいことが多いです。

このときにまずお勧めしたいのが、最寄りの商工会議所に相談しに行くことです。

商工会議所とは、地元の商工業の発展のために経営に関するさまざまなサポートを提供している公共経済団体です。

会員制を導入しているので、会員以外にはサービスしていないと思われがちですが、実は会員ではない経営者の相談なども対応してくれます。

もし相談先に困ったら、インターネットで「秋田市　商工会議所」など、市町村名を入

助成金

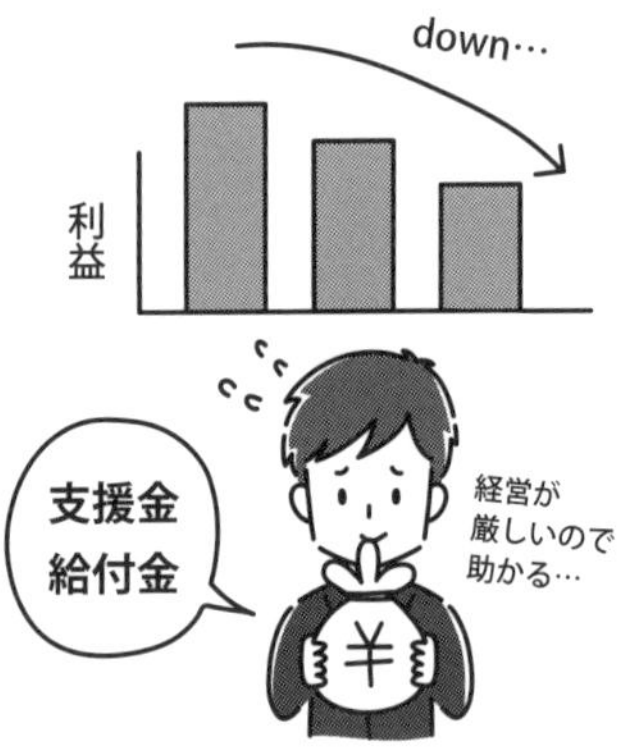

支援金、給付金など
現在の雇用や経営に対する
「守り」のお金

補助金

将来の事業に対する
「攻め」のお金

れて検索してみてください。

すぐに最寄りの商工会議所が見つかると思いますよ。

助成金を申請する時の注意点

一見、補助金よりも助成金のほうがお得なように見えますが、注意しなければならないことがあります。

それは「そもそも助成金の種類が少ない」ということです。

通年募集しているのは従業員の待遇改善などを行う厚生労働省の助成金くらいです。

新型コロナウイルスによって時短営業をお願いしなければならない時など、よほどのことがない限り助成金、支援金、協力金などは新しくつくられません。

ですので、助成金の条件に自分の会社が合っていれば、積極的に活用してほしいのですが、助成金を受給できるチャンスは基本的に少ないと思ったほうが良いでしょう。

もう一点、注意してほしいのが、不正受給は絶対に行ってはならないということです。

「少し書類をつくり直せば申請できる」などとは考えてはいけません。

これは、嘘をついて国からお金を騙し取ることにほかなりませんので、非常に重いペナルティが課せられます。

お金の返還はもちろんのこと、不正受給をした企業や協力した税理士、社労士の実名公開がなされ、悪質な場合は刑事告発などもありえます。

これは補助金にも言えることですが、果たして本当に申請するための前提条件を満たしているのか、慎重に判断しましょう。

補助金は融資とどう違うのか?

融資とは

融資とは「銀行などからお金を借りること」を指します。

補助金は、いわば事業計画の中で先行投資するお金の枠を決めることです。

ですので、融資と補助金は全く別物なんですね。

融資が必要な場合をお伝えします。

例えば、売り上げが不安定な創業したての頃には、現金が少なく、家賃や給料の支払いなど、資金繰りが大変な場合が多いことでしょう。

そんな時、銀行から現金を借り入れることで、家賃が支払えなくなったり、給料の未払いが発生したりすることを防ぐことができます。

リアルな話をすると、経営者はお金が手元からなくなる不安をずっと抱えています。

私も個人事業主時代は、創業初期に資金繰りの見通しが甘く、2日後の家賃の支払いのための現金がない、という状態に陥りました。

当然、家賃の支払いや生活費のため、稼ぐのに必死でした。

幸い、すぐに仕事が頂けたので現金がなくなることはなかったのですが、今思えば借り入れを少しでもして、現金に余裕を持たせたほうが精神的に楽だったかもしれません。

融資の使い方

大事なことなので何度も言いますが、補助金はお金を使ってから戻ってくる仕組みです。

補助金が入る前に先払いする必要があります。

このとき、手元に現金がない場合は、どうすれば良いでしょうか？

そう、融資を活用すれば良いのです。

詳しくは第6章でお伝えしますが、補助金を申請してから採択されるまでに、2ヶ月ほどかかります。

もし、資金に不安があれば、補助金を申請した後で、銀行に相談することをお勧めします。

銀行からの借り入れが初めての場合は、銀行の審査が1～2ヶ月かかります。

補助金が採択されたらすぐに取り組めるよう、資金繰りを準備しましょう。

①補助金申請する
②銀行に融資相談
採択
③申請が
採択される
投資 ¥
¥
④事業に
先行投資する
⑤補助金支給

補助金のメリット

先行投資の出費を抑えられる

補助金は新しい事業を始める時や、今の事業を拡大したい場合にとても有効な手段です。

その理由として、補助金をうまく使えば、先行投資の出費を大幅に減らすことができるからです。

先行投資とは言い換えれば、将来の事業の売り上げがまだ立っていない中で大きな金額を使うことです。

その事業が確実に成功する保証はないわけですから、先行投資の支出を減らすに越したことはありません。

補助金の種類によりますが、多くの補助金は先行投資額の50％から75％が後から現金で振り込まれます。

例えば、あなたが６００万円もの機械を購入して、新商品を開発する事業を考えていたとします。

先行投資額の６００万円は6年で資金回収ができると仮定します。

ここで仮に先行投資額の50％が出る補助金が採択され、３００万円出るとしたらどうでしょうか？

600万円を支払った数ヶ月後には300万円が支払われるため、資金回収の期間が半分の3年に短縮されますよね。

単純に先行投資が半分で済むわけです。

仮に600万円を支払うために借り入れをしていたとしても、1年以内に半額を返済できます。

一方、補助金を使わず融資だけの場合は先行投資額を回収するまでに6年かかり、その分の金利も支払わなければいけません。

将来の事業を後押ししてくれる補助金は先行投資を考えている経営者の強い味方と言えるでしょう。

未来を考えるチャンス

あなたは普段、将来どうなりたいか考えることはありますか？

もしかしたら、漠然とこうなりたいというイメージは膨らませているかもしれません。

補助金を申請する時には、半ば強制的に、〝根拠のある〟未来像を思い描くことができます。

例えば、あなたがネイルサロンを経営しているとします。

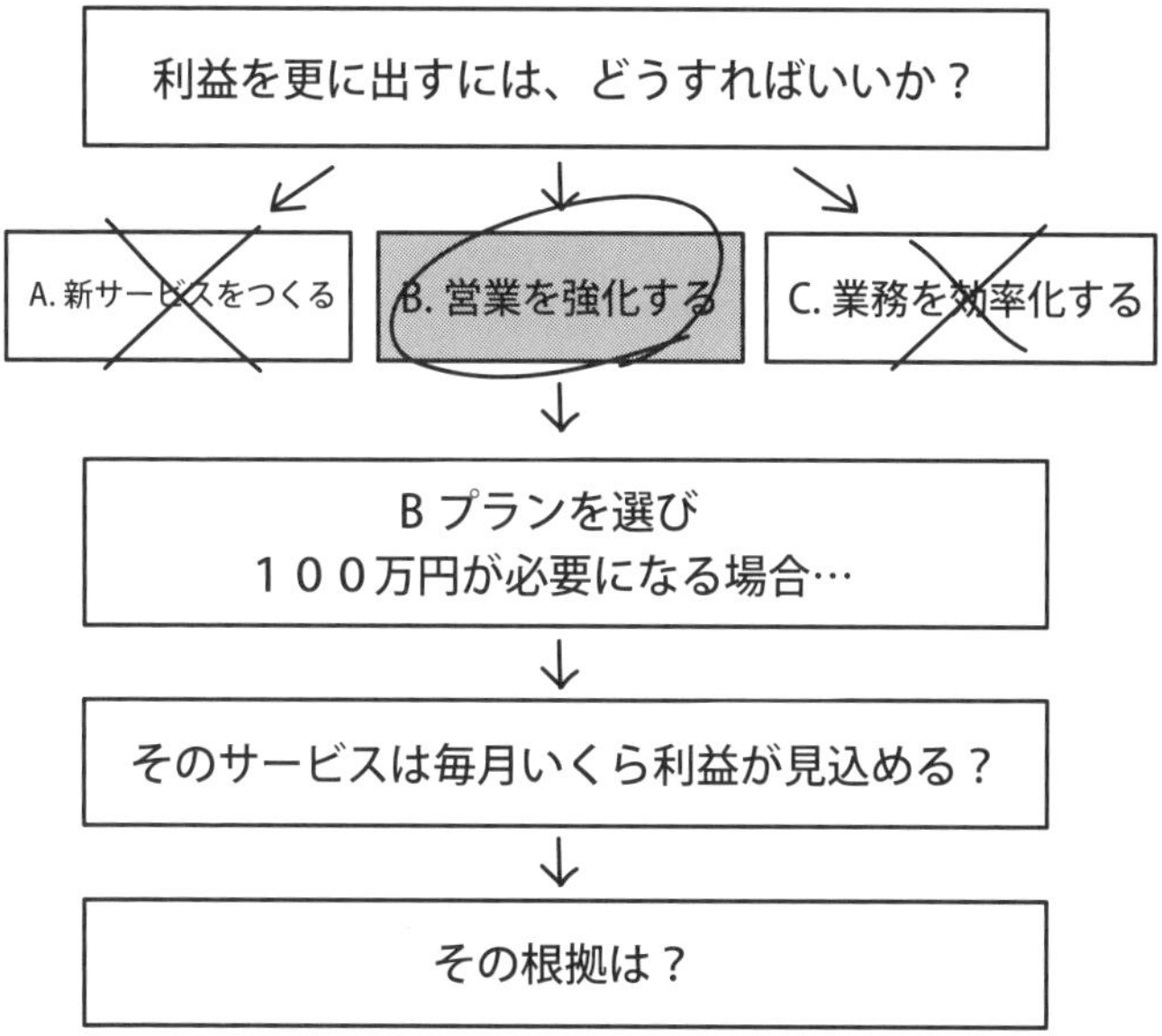
利益を更に出すには、どうすればいいか？
A. 新サービスをつくる
B. 営業を強化する
C. 業務を効率化する
B プランを選び
１００万円が必要になる場合…
そのサービスは毎月いくら利益が見込める？
その根拠は？

今と将来像を比べながら
何をしていくか一つずつ整理する！

少ないながらも、毎月黒字経営できていて、半年後には100万円ほど余裕ができそうです。

このとき、さらに利益を増やしていくために、どんなことができるでしょうか？

ネイルを施術した後で、追加で眉毛を整えるサービスを提案したら良いかもしれません。

眉毛を整えるサービスを提供するためには、専門技術を学ぶための研修費用が必要です。

あるいは、新しくスタッフを雇う必要があるかもしれません。

新しく眉毛を整えるサービスをつくるために、諸々の費用が100万円かかることがわかったとして、そのサービスは毎月いくら売り上げが見込めますか？

その根拠はなんですか？

このように、今と将来像を比べて、どのようなことをしていくのかを一つずつ整理しながら計画を練っていきます。

これが、補助金を申請する時に必ず必要な作業になります。

補助金を申請することで、あなたが未来を考えるきっかけになるんですね。

補助金のデメリット

募集の期間が限られている

補助金は残念ながら、いつでも申請できるわけではありません。

募集が多いものだと年に4回、少ないものだと年に1回というものもあります。

さらに補助金は申請してから採択されるまでに2ヶ月ほどかかることが多いです。

補助金には大原則として、〝交付決定されてから契約・発注をしなければならない〟というルールがあります。

そのため、例えば来月に設備投資をするからといっても、補助金の対象にすることはできないんですね。

今すぐ先行投資をしなければチャンスを逃してしまう、という場合には補助金は活用できません。

今回のケースでは、例えば、すぐに行う先行投資は先に進めてしまって、半年後から1年後にさらに追加で出てきそうな経費を補助金でコストカットする方法があります。

こうすれば、事業をスピーディーに進めつつ、補助金を活用して経費を抑えることができます。

落ちる可能性がある

補助金は必ず経費のコストカットができる夢のような制度ですが、そのお金はどこから来ると思いますか？

実は補助金の財源はあなたが日々支払っている税金なのです。

もちろん限りがありますよね。

限りある補助金をより良く使ってくれる経営者を選ぶために、審査があります。

採択率は補助金によってさまざまで、平均40～50％になることが多いです。

言い換えれば、二人に一人は不採択になるということです。

この採択率を見て、高いと思いますか？　それとも低いと思いますか？

補助金を申請するときに事務局に提出しなければならない資料は大きく分けて三つあります。

一つ目が事業計画書です。

企画が優れているかどうかを判断するために、非常に大事な資料です。

二つ目は確定申告書や決算書などの経理書類です。

これは、申請者の実績や補助金の申請要件を満たしているか確認するために活用されます。

三つ目は加点項目に関する書類です。

代表的な加点項目としては、従業員の賃金引き上げを宣言していると、加点されるというものがあります。

ほかにも、補助金の種類ごとに加点項目が設定されているので、もし加点項目を満たしているようであれば、追加で書類を提出すれば採択される可能性が高まります。

このように、補助金の審査は事業計画書のほかにもたくさんの書類を確認した上で進みます。

そのため、いくら優れた計画書を作ったとしても、ほかに応募した会社が加点項目を多く満たしているなどによって、採択されないことも十分あり得ます。

もちろん、優れた計画書をつくらなければ、そもそも採択されるのは相当難しいので、決して手は抜けないのですが、それだけで採択が決まらないのが補助金の難しいところです。

ですので、補助金は簡単には採択されるわけではありません。

残念ながら、不採択になる可能性がどうしても残ることになります。

この対応策としては、補助金が不採択となった場合のことを想定した計画を練っておくことをお勧めします。

例えば、あるカフェが補助金でパン焼き用オーブンと広告費用を計上したとします。

このとき、不採択となった場合どのような対応ができるでしょうか？

例えば、パン焼き用オーブンは少し型が古い中古品を探して、初期投資額を減らすという手があります。

また、広告に関しては、広告を出す期間やワード選定などによって単価が変わるので、予算に合わせた広告を打つ、という方法が考えられます。

このように、最悪の事態を想定して物事を判断していくのも、経営者にとって大切な考え方になります。

第 2 章

経営と補助金の関係

この章では、補助金を使いこなすことで黒字経営をされている経営者の考え方を学ぶことができます。

これから起業を考えている方、これから事業をさらに大きくしていきたい方は必読です。

補助金を使いこなせる経営者はなぜ黒字経営なのか?

先を見通す眼を持っている

「黒字経営」

これから事業をしたい起業家にとっては最初に目指す目標となります。

黒字経営とは、収入が支出よりも大きい経営状態のことを指します。

あなたの売り上げから、原材料の購入費を引いて、従業員の給料や家賃を支払って、あなた自身に役員報酬を支払っても、お金が残る状態のことです。

「お金が残る経営をできている」ということは、そのお金を使って、事業を大きくするための先行投資をすることができる状態なのです。

補助金を使いこなしている経営者がなぜ黒字経営なのかというと、先を見通す眼を持っていることが挙げられます。

「事業を大きくするためのチャンスはどこにあるか？」「逆に、事業を縮小させる危険性はどこにあるのか？」といった未来について、補助金を使いこなしている経営者は常に考えています。

例えば、創業47年目を迎える老舗企業の経営者は次のようなことを話していました。

「私たちはみんながやらないことをやる、を心がけています。みんながやらないことというのは、お金にならないか、大変かのどちらかです。それを解消してあげれば、市場を独占できます」

この経営者は技術革新の大きな動きにずっと目を光らせていました。

そして、コロナ禍ながらチャンスを見つけ、３０００万円以上の先行投資のうち１５００万円ほど補助金を使ってコストカットし、チャンスをものにしました。

このように、先を見通してチャンスを掴もうとする姿勢が黒字経営にはとても大事になります。

補助金を通して、先を見通すスキルは身につく

経営者にとって補助金は心強い味方です。しかし、多くの経営者は日々の仕事に追われ

ているため、このような声を耳にすることがあります。

「事業を大きくできればそれに越したことはないけど、目の前のことで精一杯で、先のことはわからない」

そう言う方もいるかもしれません。

でも安心してください。

先を見通すスキルは今からでも身につけることができます。

それは、「もしこの補助金を使うとしたら、どんな事業が展開できるだろう？」と問い続けることです。

補助金は、毎年数百種類も募集されているとお話ししましたが、これらは少しずつ補助金の内容が異なるんですね。

もっと言うと、補助金の種類によって、補助金の対象にできる経費が異なってきます。

例えば、ある補助金は新しいケーキをつくるためのオーブンを買うことができます。

しかし、ほかの補助金ではオーブンを買うことができない一方で、オンライン販売ができるようなECサイトをつくることができる、という場合があります。

いろんな補助金を応募するときに必ず、中長期的な事業のイメージを想像することが大事です。

このときに参考になるのが、ライバル会社の動きや、市場の広がり方です。

そして、ライバル会社の動きや市場の広がり方は、単に事業をしているだけでは知ることができません。

ライバル会社の動きを知るために一番簡単な方法は、その企業の取り組みをネットで検索し、実際に商品を購入してみることです。

市場の広がり方を知るには、仕事場から一歩出てみて街を出歩いて流行り廃りがどう変わっているのか考えてみる、あるいは既存のお客さんに自分のサービスについて聞いてみるのも良いでしょう。

会社の外に目を向け、世の中の動きを知ることを、市場調査と言います。

補助金を通して、市場調査スキルが磨かれます。

当たり前だからこそ見落とされがちな事実として「売り上げは必ずお客さんが生み出す」というものがあります。

会社の中ではなく、会社の外側にいるお客さんに目を向ける市場調査スキルが身につけば、お客さんが求める商品やサービスをつくることができます。

結果として、売り上げが上がります。

未来のことは誰にもわかりませんが、今起きていることに目を向けることで、将来の打ち手は決めることができます。

このように、補助金を通じて会社の今と未来を考えるトレーニングが可能になります。

100投資して200回収する

費用対効果の高い投資ですか？

どうせ事業をやるなら、大きくお金を稼ぎたいですよね。

100万円の投資をして1万円の黒字になるより、30万円の黒字になった方が嬉しいはずです。

いま手元にあるお金が、最大限活用できるような使い方を考えましょう。

意外かもしれませんが、黒字経営を継続している経営者は、お金の使い方が非常にシビアです。

特に数百万円を事業投資する際には、この投資によってどれくらい売り上げが見込めるか？　利益はどれだけ確保できるか？　いつまでに回収できるか？　といったことを非常に気にしています。

例えば、東京都内で整体院を営む経営者が、新しくセルフエステ事業を立ち上げる計画を立てていました。

整体院と全く異なる業態になぜ進出するのか聞いたところ、セルフエステの潜在的な需要が大きいから、ということでした。

その整体院はもともと、小さな子供が遊べるキッズスペースを作っていました。

そのため、お客さんの多くは子供がいる主婦だったそうです。

お子さんがいる方はイメージしやすいと思いますが、子供を連れて電車に乗って移動するのは大変な苦労です。

その上、エステサロンに行こうものなら、黙っているはずもありません。

そのため、お子さんが小さいうちはエステなど、自分磨きを諦める主婦の方々が多かったそうです。

ここに目をつけて、例えば、整体院のキッズスペースに子供を預けて、15分ほど自分でエステできるサービスをつくれば、利益が見込めると確信したそうです。

先行投資額が約１０００万円で、２年後には営業利益を年間５００万円見込んでいました。

費用対効果をロジカルに考えられるようになれば、たとえ異業種への参入でも大きな利益を稼ぐことができるようになります。

補助金は満額使わない

どうせなら補助金を満額もらいたいという気持ちはわかりますが、ここで補助金を使うときの注意点があります。

それは、補助金は必要最小限もらいましょう、ということです。

多くの補助金は100万円~200万円ほどですが、中には500万円~1億円と、上限額が大きいものがあります。

普段は財布の紐が堅い経営者でも、補助金が出ると知った途端、あれもこれもといった形で補助金を満額取ろうとします。

しかし、これが思わぬ落とし穴になります。

ほとんどの補助金は、先行投資額の50%~75%が支払われます。

逆に言うと先行投資額の25%~50%は自腹となります。

先行投資額が大きくなればなるほど、会社への負担は大きくなります。

そのため、利益が出るかをよく考えずに補助金を満額取ってしまうと、資金回収が遅くなるか、場合によっては損をする可能性があります。

自分の計画が採択されたとしても、すぐに補助金が出るわけではありません。

補助金はあくまで、使ったお金の一部が補助金として戻ってくるものだからです。

仮に事業計画の期間が1年間の場合、1年間事業にかかったお金を自己資金や借り入れなどで立て替えて、その後補助金が振り込まれます。

つまり、補助金を申請してから補助金を受け取るまで、1年以上かかります。

いくら補助金が出るからと言っても、会社の財政状況として負い切れない先行投資を行うのは得策ではありません。

「補助金最大◯万円！」という広告をよく目にしますが、一度冷静に考えることが大事です。

経営者のアイデアを見える化したものが事業計画書

なぜ事業計画書が必要なのか？

「計画なんかいらない！　やりたいことに没頭すればうまくいくんだ！」という方とたまに会うことがあります。

もちろん、頭の中で事業戦略を立てて、ブレずに実行できる方であれば良いと思うのですが、ほとんどの方は忘れてしまうことでしょう。

事業計画書をつくることで、事業戦略を固めて、今やるべきことが明確になります。加えて、経営者の考えをほかの人に正確に伝えることもできます。

経営者は、基本的に自由です。

趣味を仕事にすることもできますし、興味のままに事業を手広くやっていくこともできます。

しかし、時間とお金には限りがあります。

使い方を間違えると、資金繰りが悪化し、経営が危うくなる可能性があります。役員や従業員に経営方針が間違って伝わってしまう可能性もあるでしょう。

事業計画書がなければ、銀行からの借り入れもできません。

そういったことを防ぐために事業計画書を作って、経営者の頭の中にある未来予想図を資料として見える化することが有効なのです。

事業計画書に沿ってお金と時間の優先順位をつけることで、周りの協力を得ながら、事業の軸をぶらさずに経営することができるんですね。

最低限考えておきたいこと

「事業計画書は大事」ということはわかっても、どうやって書けば良いかわからないという方がいると思います。

ポイントはずばり、「成果を上げるためにやるべきことを書き出す」ことです。

仮にあなたが何か事業をしていたとして、これから売り上げをもっと上げていきたいとします。

このとき、考えるべきは次の三つです。

①売り上げを伸ばすためになにをすべきか?

②そのためにどのような先行投資が必要か?
③最初にやるべきことは何か?

計画とは、将来成果を上げるために、今日やることを決めることです。事業を大きくするための計画を具体的に書くことが、成果を上げるためには大事なんですね。

天然素材を使ったシャツブランドを展開している企業を例にして三つのポイントを考えてみましょう。

①売り上げを伸ばすためになにをすべきか?

現状は、シャツの製作はスタッフの手作業で行っています。販売はオンライン販売のみで行っており、店舗販売はしていません。

このとき、売り上げを伸ばすために何をすべきでしょうか?

もしオンラインからの注文が殺到しているのであれば、スタッフを新しく雇ってシャツの生産量を増やす方法があります。

ほかには、シャツの製作手順を見直して、部分的に外注や専用機械を導入することで一人のスタッフが製作できる量を増やすこともできるでしょう。

また、注文数が想定よりも伸びていないのであれば、インターネット広告やポップアップストア出店などが考えられます。

もちろん、すべて一度にできるのが理想的かもしれませんが、実際は時間も資金にも限りがありますので、この中から一番効果が出る取り組みに集中しなければなりません。

今回は注文をより多く受けるためにブランドのことをより知ってもらう施策に集中すると仮定しましょう。

②そのためにどのような先行投資が必要か？

インターネット広告を使って収益を上げるためには、どのような先行投資が必要でしょうか？

インターネット広告にも色々な種類がありますが、本質は「多くの人の目につくところに商品を掲載する」ということです。

掲載する商品の魅力を説明するために、広告をクリックした後に出てくるランディングページの作成費用が必要かもしれません。

また、より商品の魅力を伝えるために、プロに商品の写真撮影を依頼する方法もあるでしょう。

このように、インターネット広告を行うためには、単に広告費用だけではなく、広告する媒体自体も作っていく必要があります。

では次に、ポップアップストアを展開する時にはどのような費用が考えられるでしょうか？

考えられるのは、ポップアップストアの出店費用、テナントを装飾する工事費用、ポップアップストア開催を知らせるＳＮＳ広告などが考えられます。

ほかにも、アルバイトなどを雇う必要もあるかもしれません。

また、ブランド紹介のために、ブランドの名刺やチラシなどをデザインする費用も必要かもしれません。

もちろん、印刷代もかかります。

どのような先行投資が必要になるかイメージがつかない場合は、ほかの企業が行っている広告やポップアップストアを見に行くことをお勧めします。

きっと見落としている費用が見つかるはずです。

③最初にやるべきことは何か？

ブランドのことをよく知ってもらうために、インターネット広告かポップアップショップを開催する、という二つの方法を検討してきました。

では、どちらを最初に取り組むべきでしょうか？

自社ブランドのシャツは、大手企業のシャツと比べると価格面では高額になってしまいます。

一方で、大量につくられる大手企業のシャツでは表現できない細部のこだわりが強みです。

ブランドシャツを購入してくださるお客様は、リピート購入する可能性が高いことがわかっています。

このような状況を踏まえて、一点ものや職人の想いに強く共感してくれる層に商品の魅力を伝える必要があります。

これらの状況を考えると、見込み客がたくさん訪れそうな百貨店などで、ポップアップストアを開催することが真っ先に行うべきことだと判断できます。

ポップアップストアに訪れたお客様にブランドに込めた想いや商品のこだわりを実際に手にとって感じてもらうことで、リピート購入してくれる層を増やす狙いがあります。

このように「事業をもっと良くしていくために、今なにをすべきか?」を決める時に事業計画書づくりがとても役立ちます。

リスクを極力取り除く

経営者にとってのリスクは何か?

途中まではうまくいっていたのに、急に業績悪化した、という事態は避けたいですよね。

利益を毎年増やしている経営者の特徴として、リスク管理能力に長けている、というのが挙げられます。

リスクと聞いても、ピンと来ない方もいると思います。

いろんな考え方がありますが、経営者にとってのリスクは二つあります。

一つ目は売り上げを伸ばすチャンスを逃すリスク、二つ目は赤字になるリスクです。

一つ目はイメージしやすいですよね。

事業を進めている中で、もっと売り上げを伸ばすチャンスがないか、常に目を光らせています。

それは、競合他社に差をつける新しい工夫かもしれませんし、顧客が求めている新サービスかもしれません。

資金繰りに常に目配りしながら、すぐに使えるお金つまり先行投資できる資金を貯めておいて、チャンスが来たらすぐに対応する。

チャンスが来たら、ヒト・モノ・カネを集中させて、一気に市場を取りに行きます。

逆に競合他社に出遅れてしまった場合は、売り上げを伸ばすチャンスを逃すばかりか、自社のお客さんを取られてしまう可能性もあります。

次に、経営者は家賃や従業員の給料を払って商品やサービスを作っているわけですから、売れなければ赤字になります。

今月お金がないからといって、従業員の給料を払わない、ということはできないわけです。

黒字経営を常に心がけている経営者は、赤字に特に敏感です。

自分の判断一つで会社が傾くこともあるのですから、その悩みは尽きません。

特に、先行投資をした事業が全く利益を生まない場合、先行投資した金額が無駄になるだけでなく、会社の人の負担も増え、会社が疲弊してしまいます。

これらのリスクを極力なくすことが、補助金を使いこなしている経営者の特徴と言えるでしょう。

先行投資額の検討

補助金を申請する時、必ず行うのが、先行投資額の検討です。

計画をつくる中で、いくら費用がかかるのか、そしてその先行投資がどれだけ利益を生むのかを計算します。

このとき誰でも、できるだけ費用をかけず、もっと利益を最大化したいと思うはずです。

補助金の金額を計算する時、参考にするのがそれぞれの経費の見積書です。

見積書とは、仮にその会社からサービスを行ってもらうときに、いくらかかるかを計算してもらった書類のことです。

見積書を2社以上取ることを、「相見積」と言います。

相見積を取って安い会社にお願いする、という方法は製造業ではよく行われています。

相見積を取ることの最大のメリットは、サービスの相場を知ることができることです。

残念ながら、相場よりかなり高額な支払いを提示する企業は一定数存在します。そのような企業との取引を避けるためにも、相見積は重要なんですね。

補助金の計画書をつくる際には、補助金の種類によりますが、相見積を義務付けているものがあります。

これは「補助金は税金なので、大切に使おう」という考え方が基本になっています。あなたもニュースなどで税金の無駄遣いと聞くと「無駄遣いするな！」と思うでしょう？

補助金を使うときも周りの人から無駄遣いと言われないよう、相見積を取って、適切な金額を申請しましょう。

補助金を何度も活用すれば、コストに対する考え方の習慣が身につきますので、黒字経営をする際の大きな後押しになるでしょう。

慎重さと即断即決の両立

よく考えることと、即断即決は両立できる

黒字経営を続けている経営者は売り上げを伸ばして、事業を大きくするチャンスを逃し

ません。

一方で、リスクを極力取り除くため、非常に慎重な方が多いです。

「よく考えることと、即断即決は両立できるの？」と思った方も多いと思います。

安心してください、この二つは両立できるんです。

例えば、ある会社から営業を受けたとします。

そのとき、どれだけ魅力的な提案であっても、その場で決めることはしません。

あくまで金額とサービス内容を把握するのに留めます。

ポイントはその次のアクションです。

仲間の経営者や顧問などに、その話を相談し、本当に良い条件なのか？ 見落としていることはないか？ を確認するんですね。

もし本当に良い提案だと判断したら、すぐに営業に連絡をして、話を進めます。

逆に割高だと判断したり、信用できない点があれば、その営業からの提案は受けません。

次に、同じサービスを扱っている信頼できる会社を、経営者仲間や顧問から紹介してもらうんですね。

すると信頼できる企業から、適切な料金で良い仕事をしてもらうことができます。

慎重さと即断即決は両立することができます。

法外な値段を提案する企業

あなたがもし、これから起業をしたいと思っているなら、財布の紐はキツく縛っておきましょう。

ほかの起業の本には書いていないかもしれませんが、世の中には自分だけが得すれば良いという人が一定数存在します。

そして厄介なことに、そういう人たちは往々にして、良い人に見える方が多いです。肩書きがすごかったり、人脈が豊富だったり、気さくだったりと、一見信頼できる人のように思わせるんですね。

以前、補助金を申請したいという経営者から問い合わせがありました。

その方はＬＩＮＥを使った集客をしたいらしく、ＬＩＮＥ公式の構築費用を補助金で賄いたいというお話でした。

では実際にいくら費用がかかるのか聞いたところ、なんと80万円もするとのことでした。

もちろん、相当な手間がかかる細やかな公式アカウントをつくる場合はそれだけの金額がかかるかもしれませんが、通常はありえません。

幸い私自身も似たような公式アカウント構築を依頼したことがあったので、その方にお話を聞いたところ、相場は17万円と言っていました。

つまり5倍近くも高額な請求をされていたことになります。

相談に来た経営者は、私と補助金の相談をしたことで事なきを得ましたが、このような例は絶えません。ぜひ、相見積を取って、適切な価格を把握する癖をつけましょう。

もっと言うと、信頼できる仲間を作って、判断に迷ったときに相談できる環境を整えましょう。

もう一つ、例を挙げましょう。これは私の実体験です。

金額がわかりづらいサービスの中にコンサルティングというものがあります。

コンサルティングとは、経営者の悩みを聞き取り、悩みを解決するための方法をアドバイスする仕事です。

業務内容は相談の内容によって変わりますが、アドバイスだけでなく、実際にコンサルタントが手を動かすこともあります。

悩みの種類や解決方法によって料金が変わるため、ネットで調べても欲しい情報は手に入りません。

私が個人事業主として創業したてのとき、知人経営者のイベントで知り合った方から新しい事業を立ち上げる方法を教えるという提案をいただきました。

新サービス構築には興味があったので詳しく話を聞くと、そのためにはコンサル費用が50万円かかるとのことでした。

自分で試算したところ、1年以内に50万円の先行投資は回収できるとわかりました。

50万円で新サービスを構築するお手伝いをしてもらえるのであれば安いと思い、こちらに申し込みました。

しかし、契約した後になって何回か打ち合わせしたところ、50万円にはアドバイス料しか含まれておらず、コンサルタントは何も作業しないと言われてしまいました。

これでは割に合わないどころか、そのときは本業で手一杯だったので、せっかくのアドバイスを行動に移せません。

このように、コンサルティングはどこまでがサービス範囲かわからないために、結果的に高額に感じてしまうことがあります。

このケースではコンサルタント側と交渉し、費用の調整ができましたが、このようなトラブルはよく聞きます。

対策としては、コンサルタントが具体的にどのようなサービスを提供するのか、先方から書面で提案してもらうことが挙げられます。

このとき、見積書や契約書、業務フロー、成果物、契約期間などをきちんと相手が提示できるか確かめます。

信頼できる相手かどうかを確かめるためには、相手の言ったことではなく、行動を観察しましょう。

口では何とでも言えますが、行動は嘘をつけません。

財布の紐はキツく縛る意識を常に持ちましょう。

丸投げする力

経営者は本業が忙しい

黒字経営をして、どんどん利益を増やしていく経営者に共通している特徴として「丸投げする力」というものがあります。

自分でなんでも解決しようとせず、できないことは素直に依頼をするんですね。

例えば、資金がなければ銀行から融資してもらいます。

人手が足りなければ、従業員を雇います。

事業戦略を文章にできなければ、専門家に手伝ってもらいます。

なぜかというと、事業を大きくする上で、自分一人では必ず限界が訪れるからです。

経営者自身は、自分の体が一つしかないことを誰よりもわかっています。

自分だけでは成し遂げられない大きなことを成そうとする時、すぐにほかの人を頼ることができるんですね。

自分の時間はお金よりも貴重であるとわかっているんです。

もちろん、ほかの人の力を頼るためには、対価を支払わなければなりません。

銀行からお金を借りたら、利子を支払います。

従業員を雇ったら、給料を支払います。

専門家に依頼をしたら、報酬を支払います。

ですが、人の手を借りられる経営者は、自分の支払いが相手の収入になることをよく理解しています。

だからこそ、成果に対して気前良く支払っている方が多いです。

もしあなたがラーメン屋さんを経営しているとして、2店舗目を出す場合、一人で2店舗を営業することができるでしょうか？

そう、必ず店舗に責任者を雇って、スタッフを教育して、自分がいなくても2店舗目が営業できるように工夫しますよね。

事業をどんどん大きくしている経営者ほど、成果を上げるために自分にしかできないことに集中しています。

「仕事を依頼すると、お金を支払わないといけないので、全部自分でやっている」という方も中にはいます。

しかし、その方にはどんなに頑張っても、1日は24時間しかありません。

ほかの仲間の時間をいただいて、その対価としてお金を支払う。その結果、売り上げが支払った金額より大きくなるようにするのが経営者の仕事です。

こうした丸投げする力は、補助金の申請にも同じことがいえます。補助金について知識がなく、本業の業務に追われている場合、プロに手伝ってもらい申請するのが効率的です。

では、補助金の申請に関する必要な手間を見ていきましょう。

補助金の申請に必要な手間

補助金を申請するために、どれだけの手間がかかると思いますか?

中小企業庁が募集している「ものづくり補助金」という補助金があります。

ものづくり補助金公式サイトのアンケートによると、事業計画書を作成するためにかかった時間は20~50時間という回答が多いです。

重要なのは「事業計画書の作成時間のみ」で20~50時間かかっているということです。

補助金を申請する際に時間がかかるタイミングは大きく分けて二つあります。

一つは事業計画書の作成です。

そしてもう一つが会社の事業戦略にマッチした補助金を探す作業です。

これが非常に大変なんですね。

ものづくり補助金を例にすると「どんな事業者が補助金の申請が可能なのか?」「どんな事業であれば審査で評価してもらえるのか?」「どんな先行投資が補助金の対象になるのか?」など、20ページ以上びっしりと書かれています。

これを読み解くだけでも一苦労ですよね。

もっと言うと、補助金の種類により、補助金の対象となる経費が変わってきます。

補助金申請に必要な手間

計画書を書くのに
時間がかかる

そもそも取り組みに
マッチした補助金が
どれかわからない

内容を調べようにも
お役所言葉が難しい

ものづくり補助金では申請できない経費がほかの補助金では申請できることもありますし、逆の場合もあります。

「困ったら事務局に質問すればいいじゃないか」と思うかもしれませんが、実はこれもなかなか思ったような回答が得られません。

例えば「この機械は補助金の対象になりますか?」と質問したとしても、電話を受けた人が事業計画書の審査をするわけではありません。

大抵の場合「補助金の対象になるかどうかは、審査委員会が判断しますので、ここではお答えできません」という回答が返ってきます。

これもかなりのストレスになりますよね。

先行投資を補助金の対象にするためには、その経費が事業に必要不可欠であることを文章で説明しなければなりません。

もし申請する経営者が一人でどんなに考えたとしても「本当にこれで良いのか?」という疑問は最後まで残るでしょう。

このように、補助金を申請するためには、想像以上に考えなければいけないことが多いです。

私の感覚的には、経済産業省や農林水産省、文化庁など「国」が募集する補助金は補助金の申請難易度が高いように感じます。

具体的にはコロナの影響を乗り越えるために生まれた中小企業庁の事業再構築補助金や、

一人でできることには、限界がある

↓

事業を拡大していくために
ほかの人に頼る力を鍛えて、時間を有効に使おう！

文化庁のARTS for the future! 補助金などが挙げられます。

少しイメージしてみてください。

本業を行いながら、補助金選びや資料の読み込み、事業計画書の作成などを締め切りに間に合うように進めるのは大変そうではないでしょうか。

この手間を考えたら、補助金に詳しい人に聞いて、どのようにすれば補助金を活用できるか提案してもらったほうがよっぽど楽ですよね。

第 3 章

あなたに必要な補助金

この章では、実際に補助金を使って事業を大きくしていく様子を、事例を用いて解説していきます。

使える補助金には段階がある

もしあなたが補助金を使って事業を拡大していきたいと考えているのであれば、どの補助金が今の自分に合っているか、考えてみましょう。

例えば、創業間もない時期で資金があまりない段階で、1000万円以上の高額な設備に先行投資するのは考えにくいですよね。

逆に、資金が潤沢で積極的に先行投資していきたいと考えている段階では、補助金額50万円の補助金は物足りなさを感じるでしょう。

このように、あなたの事業の種類や規模、経営状況、資金力によって、使いやすい補助金は変わってきます。

補助金は、社会の状況や企業のニーズにより、さまざまな種類が募集されています。条件を満たせば、1社で何種類でも補助金を申請することができます。

あなたの事業に「いま」必要な補助金を選ぶことが、なにより大事なんですね。

次項からは実際に経営者がどのような先行投資を考え、補助金を活用したかがわかる例を解説していきます。

オープンしたての飲食店経営者（小規模事業者持続化補助金）

お店の現状

あなたは、東京の若者の街、下北沢に出店したハンバーガー屋さんです。

下北沢駅から徒歩7分の立地で、古着やアンティーク雑貨を求めて、若者が集まるエリアに店を構えています。

新型コロナウイルスの影響は考えましたが、客足が戻ってくることを確信し、半年前にお店をオープンしました。

スタッフはあなたと接客アルバイト数名で営業しています。

毎月、営業利益は10万円程度上げているものの、借入金の返済を滞りなく行うため、余裕を持って営業利益を20万円にするための戦略を考えています。

今後の戦略

お店をオープンして気づいたことがあります。

お客さんは20代前半のカップルか大学生がほとんどでした。

そして、ハンバーガーが届くとみんな写真を撮り始めます。

お店のＳＮＳアカウントは開設していたので、撮影した写真をＳＮＳにアップする際、メンション（投稿にお店のアカウントのリンクをつけること）をお願いしていました。

すると、友人のＳＮＳ投稿を見て来客するお客さんが徐々に増えました。

平日の稼働率が40％ほどなので、平日の集客に力を入れて、60％までに引き上げることができれば、営業利益が毎月20万円確保できそうです。

新規のお客さんの多くが、ＳＮＳから情報を得て来店していることがわかったので、ＳＮＳ集客を強化したいと考えています。

使える補助金

このケースですと、経済産業省が持っている「小規模事業者持続化補助金」が活用できます。

売り上げ規模や従業員数の要件がありますが、個人事業主や法人問わず、申請が可能です。

さらに、多くの補助金は1期または2期以上事業を実施していることが条件になるのですが、この補助金は創業1年目でも申請ができます。

補助金の上限が50万円で、補助率が2／3です。つまり総額75万円の事業を計画した場合、75万円の2／3である50万円が、事業が終わった後に補助金として返ってきます。

この補助金は「広報費」を計上することができます。

このケースでは①SNS広告費用②SNS用のプロモーション動画の撮影が補助金の対象になる可能性があります。

「可能性がある」という表現をしているのは、補助金が採択されるかどうか、または補助金の対象にできるかどうかはすべて審査する事務局の判断になるからです。

また、同じ補助金でも、前までは補助金の対象になった経費が、今回は補助対象にならない、といったルール変更もあります。

30秒～1分程度のプロモーション動画を撮影するには1本10～30万円程度かかります。

プロモーション動画を使ってSNSのコンテンツを充実させ、思わずお店に来たくなるようなアカウントをつくります。

あとは主要ターゲットである平日も来店しそうなお客さんに向けてSNS広告を発信すればSNSからのお客さん流入が増えると思います。

広告費用に仮に30万円かけたとすると、補助対象経費は30万円＋30万円＝60万円となります。

今回のケースでは、60万円の2／3である40万円が補助金として返ってきます。

※令和4年度にルール変更があり、広告費や動画作成費などに制限が加えられました。

2店舗目を出すネイルサロン経営者（創業助成金）

お店の現状

あなたは東京都新宿付近でネイルサロンを経営している経営者です。

創業3年目を迎え、1店舗目のスタッフも十分育ったため、1年以内に2店舗目の出店を考えています。

主なお客さんは仕事帰りのOLと、近所に住む主婦層です。

1店舗目の物件を契約した時のお付き合いで、不動産会社からは申し分のない条件で物件が紹介されている状態です。

今後の戦略

ネイルサロンを3年間経営したことで、新宿エリアのお客様のニーズが徐々にわかってきました。

例えば、ネイルサロンに通うＯＬは、爪だけではなく、肌のトーンやダイエットに関心が高く、ネイルサロンのほかにエステなどに通う人が一定数いました。

また、近所に住む主婦は子供がいない人がほとんどということがわかりました。

これらの情報から、2店舗目はネイルサロンではなく、エステサロンを出店することとしました。

1店舗目のネイルサロンから徒歩数分圏内に2店舗目を出店することで、ネイルサロンのリピーターを2店舗目に促す狙いがあります。

具体的には、自社のネイルサロン・エステサロンだけで使えるクーポンを発行して、お客様が継続的にお店を利用してもらえるよう促します。

ちなみにクーポン期間は地域内最安値でサービスを受けられることは確認済みです。

これによって、ネイルサロン目当てで来店したお客様がエステサロンに流れ、エステサロン目当ての方がネイルサロンに流れる、といったお客様の循環が実現します。

そもそもネイルサロン目的のお客様はエステ目的できていないので、お客様の潜在的なニーズを掘り起こし、今まで取り込めなかった顧客層を取り込むことができるようになります。

この戦略が成功した場合、3店舗目、4店舗目も美容関連の業種を多店舗展開することができるようになります。

使える補助金

今回のケースの場合、東京都中小企業振興公社が募集している、創業助成金が活用できます。

創業5年未満の東京都内の事業者が対象となります。

この補助金の特徴は何と言っても「家賃と人件費」が補助対象経費になることです。家賃と人件費が補助対象にできる補助金は非常に希少です。

なにより、店舗を運営する事業者は必ず必要になる経費ですので、もし採択されれば補助金の分だけ、コストを下げることができます。

2年間で補助金が最大300万円もらえるので、家賃が月30万円ほどの店舗を借りる予定があれば、満額受け取ることができます。

非常に魅力的な補助金なのですが、その分倍率も高いです。

地域の市場調査を入念に行い、売り上げが相当見込める戦略的な計画を提案することが採択のカギになります。

高級アクセサリーを作っているクリエイター（日本貿易振興機構の支援・ものづくり補助金）

現状

あなたは単価2万円～3万円の高級アクセサリーを製作・販売している法人の代表です。都内の高級百貨店でポップアップショップを開くことで収益を得ています。主なお客様は日本橋や銀座の30代～40代の婦人です。

長年、アクセサリーの大半を自分で手づくりし、販売してきましたが、アクセサリーの売れ行きが好調なため、徐々に製作スタッフを雇用し、販売先も国内から海外に軸足を移したいと考えています。

また、設備導入を行うことで生産効率を上げつつ、高級アクセサリーの新作をつくりたいと考えています。

今後の戦略

海外の展示会に行った際、海外の富裕層が求めている日本らしいアクセサリーを製作すれば、海外でも販路を拡大できることがわかりました。

一方で、今まで日本国内でしか活動していなかったため、海外の高級百貨店とのコネクションがありません。

そこで、商品の改良を行いながら今後2年以内に海外の取引先を開拓することが重要になることがわかりました。

自分のアクセサリーの強みはインパクトのある見た目の割に、非常に軽いという点にあります。

海外の高級百貨店の担当者に商品を手に取ってもらい、プレゼンすることが取引先を開拓するために重要なことだと考えました。

さらに展示会に出店することによって、海外の富裕層が求めているアクセサリーのデザインやこだわりなどを知ることができるでしょう。

それをもとに、新作高級アクセサリーを試作する際のアイデアを得ることができます。

使える補助金

まずは日本貿易振興機構（通称：ジェトロ）が主催・参加する海外見本市に応募し、海外見本市に出店します。

これは厳密には補助金ではないのですが、ジェトロが展示会の手続きを代わりに行ってくれたり、出店費用を一部負担してくれたりするので、使わない手はありません。

販路が確保できた段階で、原料の仕入れや作業スタッフを増強するために借り入れを行い、資金繰りを安定化させます。

次に、中小企業庁のものづくり・商業・サービス生産性向上促進補助金（通称：ものづくり補助金）を活用します。

海外の展示会で得た情報をもとに、新たな富裕層向け高級アクセサリーづくりを検討します。

今回は生産効率を上げつつ、高品質なアクセサリーをつくりたいので、3Dプリンターを導入します。

ただし、3Dプリンターを買ったからといって、すぐに新作アクセサリーがつくれるわけではありません。

デザインや材料などを試行錯誤して、商品の設計図をつくる必要があるんですね。

そこで、3Dプリンターの購入費用と同時に、試作品開発に必要な材料費や3Dプリンター専用の設計図作成費用を計上します。

これにより、新作アクセサリーをつくるために必要な先行投資金額が大幅に補助金でコストカットすることができるでしょう。

田舎を盛り上げたい起業家の皆さん（農山漁村振興交付金）

現状

あなたは秋田県のとある地域で町おこし活動をしている人です。地域に眠っているお祭りや伝統工芸品、特産品などをＰＲして、町に人を呼び込む活動をしています。

現在は地元組合の活動に参加する形で関わっていますが、3年以内に起業を考えています。大学は東京に出て、就職の関係で地元に帰ってきたあなたは、地域に住んでいる人が見落としている地域の良さを感じています。

商店街の方や、地域の人々に参加してもらいながら、地域一丸となって町おこししたいと考えています。

今後の戦略

地域での町おこし活動を通して地域の方々にアンケートを取ると、すでに廃業し空き家になっている銭湯を活用して町おこしをして欲しいと答える方が多い結果となりました。

もともとは１００年近くも町のシンボルとして親しまれてきたからです。

その銭湯から車で30分圏内には、観光雑誌に掲載されるような有名観光地がいくつもあり、そこからお客さんを呼び込めば地域に足を運んでもらえることがわかりました。

この地域では、昔ながらの伝統的な製法で漬物を生産しています。

この漬物は東京首都圏の日本酒居酒屋など、酒好きの間で根強い人気があり、うまく卸売先を見つければ収益化できそうです。

今後の戦略として、まずは町おこしの方向性を地域の関係者と共有すること。

次に、特産品の販路を開拓して、収益を生むこと。

最後に、有名観光地から観光客を呼び込む施策を考え、同時に観光客が楽しめるようなレストランや体験施設などを整備することを考えています。

使える補助金

農林水産省が扱っている農山漁村振興交付金（農泊推進対策）という補助金があります。

これは、地域の関係者で構成される協議会という任意団体をつくり、協議会の代表として地域の活性化を行う取り組みを支援するものです。

廃業した銭湯のリノベーション費用や漬物の良さを伝えるためのプロモーションビデオ

の撮影、地域住民の意見を聞くためのワークショップの開催費用、特産品を使った新商品の試作品開発費用など、多くの取り組みを行うことが可能です。

しかも補助金は最大2年間受けることが可能なので、時間をかけて地域の協力を得ながら進めることが可能です。

リノベーション費用は50%補助ですが、プロモーション費用や特産品の試作品開発費用などは、なんと100%補助されます。これを定額補助と呼ぶこともあります。

つまり、100万円を使ったら100万円が補助金として戻ってくるわけですね。

一般的に地域で町おこしを行い成功させることは非常に難しいと言われています。その方々の負担を軽減し、活動を後押ししてくれる補助金です。

ほかにも毎年、農林水産省では地域での町おこしを支援する補助金が多数募集されていますので、地域の町おこしの状況を踏まえて申請すると良いでしょう。

※交付金は、補助金と同じ意味合いだと思ってください。

自社開発したソフトウェアを販売している経営者（ＩＴ導入補助金の事務局）

現状

あなたは建物の設計図をつくるための補助ソフトウェアを販売している従業員５名規模の会社の代表です。

ソフトウェアを販売した後は保守管理契約を結び、月額課金で収益を上げるビジネスモデルとなっています。

営業利益は黒字ですが、お客さんの新規開拓人数が伸び悩んでいる状態です。

会社としては、安定的な利益を内部留保して、事業拡大のための大規模な投資を考えています。

今後の戦略

日本社会の流れとして、中小企業のＩＴ化をどんどん進めていこうという動きが活発です。

この流れに乗って、自社ソフトウェアをより多くの人に広めることができれば、新規顧客の開拓につながります。

新規開拓時のネックとして、初期設定費用の負担が大きいことが挙げられます。

さらにアカウント数に応じて金額が増えるため、初期設定費用の負担を軽減する施策が必要です。

使える補助金

今回のケースでは補助金の事務局側つまり、補助金の申請をお客様に促して自社製品の導入費用を補助金でコストカットする、という方法があります。

その戦略を行うのにぴったりな補助金が、IT導入補助金というものです。

これは、ソフトウェアなど、中小企業の生産性を高めるツールの導入費用を補助するものです。

特徴的なのは「生産性を高めるツールの登録」を行うことができることです。

言い換えると、自社製品を中小企業庁にPRして、生産性を高めるツールであることを認めてもらい、さらに補助金の対象として導入コストを下げることができます。

国の政策を作っている中小企業庁からITツールを認めてもらえるなんて、すごいブランド効果がありそうですよね。

ソフトウェアを導入したいお客様から問い合わせがあったら、お客様と一緒に補助金の申請資料を作成していきます。

もちろん、審査がありますので全員が採択されるわけではありませんが、自社のサービスを補助金の力を借りて広げていくことができます。

このように、補助金を申請する側ではなく、補助金の申請をサポートする側になって補助金を使いこなすこともできます。

補助金の経費にできない費用

ＩＴ導入補助金に限らず、ほとんどの場合、補助金の対象にできない代表的なものが三つあります。

それはパソコン、車、中古品です。

特にパソコンや車は、仕事やさまざまな場面で使うことが多く、補助金の対象になったら嬉しいと思う方も多いのではないでしょうか。

中古品も、新品よりも安く買えるため、利用したい方も多いと思います。

実はこの3種類に共通しているものがあります。

それは「転売しやすい」ということです。

パソコンや車、中古品はお役所言葉で「汎用性が高い」というカテゴリーに分類され、転売しやすいという特徴があります。

国や地方自治体は補助金の制度設計を行う時に、補助金が正しく目的通りに使ってもらえるかを必ず考えます。

申請者が購入したものを補助事業以外、つまり転売したり、補助事業に関係のないことに使用したりすることは、補助金を正しく使っているとは言えません。

パソコンや車、中古品は確かに事業を行う際に必須の方もいるかもしれませんが、補助金の不正防止のために、禁止されているんですね。

一方で、最近は新型コロナウイルスの蔓延によってテレワークなどの新たな生活様式の普及やキッチンカーなどの新たな営業スタイルが現れました。

これにより、ごく一部の補助金ではキッチンカーやパソコン、中古品の購入が認められています。

ちなみにＩＴ導入補助金は令和４年度に公募された分については、さまざまな条件をクリアすればパソコンやタブレット端末を購入することができます。

大事なことは、補助金の種類ごとに補助対象経費にできない費用があるということです。

補助金にチャレンジしたいと思ったら、その先行投資が補助金の対象になることを必ず確認しましょう。

第 4 章

未来に投資するための補助金

この章では、投資家としての考え方を、補助金を使って鍛える方法を解説します。先行投資を行って事業を大きくしたい経営者や、経営コンサルタントをされている士業の方は特に参考になるでしょう。

投資の原則（お金の流れ）

そもそも投資とは

「投資」と聞いて、あなたは何を思い浮かべるでしょうか？

株式の購入や、不動産を保有するなど、資産を持つことをイメージされる方もいらっしゃるかもしれません。

あるいは、自分磨きやスキルアップといった自己投資を思い浮かべるかもしれません。

今回は事業に投資する、いわゆる事業投資を中心に説明をしていきます。

なぜかというと、補助金のルールを知るだけで、この事業投資の考え方が身につくからです。

新型コロナウイルスが猛威を振るった2020年以降、資産形成や投資について考える人が非常に多くなったと聞いています。

しかしながら、投資と言われてもピンとこない人が大半だと思います。

補助金を使うということは、限りあるお金・時間という資源をどのように集中投下して、利益を生み出していくかを考えることでもあります。

投資の基本的なルール

投資とは簡単に言うと、10のお金を使って11のお金を生み出すことです。

その手段として、株式の購入、不動産の購入があるんですね。

ほかには、太陽光発電パネルの所有や、ユニークなものだとキャッシュレス決済の機械などの投資先もあるようです。

どれもお金を支払って、お金を生み出すものを手元に置き、それを所有し続けることで利益を生み出すことができます。

一方で、浪費という言葉を聞いたことがあるかもしれません。

浪費とは、10支払って購入しても9以下のお金しか生まないものを指します。

例えば、新品の車は購入した瞬間に、その車の価値は2割ほど下がると言われています。

車自体は所有していても価値が上がることは少ないので、この定義だと浪費に分類され

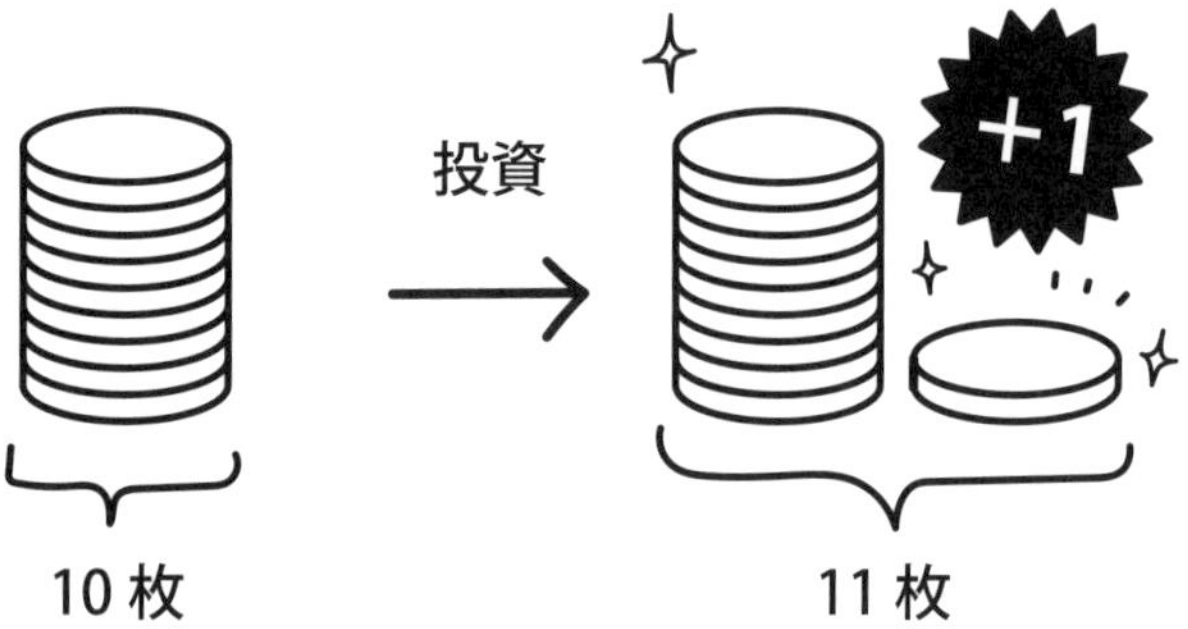

使ったお金より返ってくるお金が大きくなる

＝

投資

ます。

投資の基本的なルールは至ってシンプルで、使ったお金より返ってくるお金が大きくなれば良いだけです。

投資をするときに考えておきたいこと

投資をするときにほとんどの方は「いくら儲かるか」を気にすると思います。

ここでもう一点、考えて欲しいことがあります。

それは、「いつまでに投資した金額が回収できるか？」です。

よく銀行に貯金をするくらいなら投資をしようという意見があるのは、投資した金額が早く回収できる可能性があるからなんですね。

メガバンクの定期預金の利率、つまり銀行があなたに支払ってくれるお金の割合は、預けた金額の０・００２％です。

仮に１００万円を預けた場合、一年後にあなたに支払われるお金はたったの20円です。

元金を引き出さずに、１００万円を回収するために何年かかるか、想像もつきませんよね。

反対に、銀行がお金を貸す場合があります。

どういう場面かと言うと、経営者が事業を大きくするときに必要となる資金が足りないときです。

事業を大きくする時、よりたくさんの人を雇うことが必要かもしれません。

あるいは新しい機械を買ったり、新商品の発表のために広告宣伝費を増やしたりするかもしれません。

どちらの場合も、経営者は事業を大きくする前に大きな支出があります。

この支出を乗り越えるために、銀行からお金を借りるんですね。

これを「資金調達」と言います。

銀行は貸したお金が5年から10年で回収できるように、返済期間を設定します。

あなたが銀行に預けたときは数十年以上かかるのに比べると、非常に短いですよね。

これから投資を勉強したいと言う方は、いつまでに投資した金額が回収できるかを考えると良いでしょう。

経営＝事業投資

経営者の役割

経営者の仕事を投資の側面から考えてみましょう。

①利益が見込めそうなビジネスチャンスを見つける

②ビジネスを実際に始めるために必要な資金を考える

③投資をしながら利益が出そうなビジネスを育てる

経営者はまず、利益が見込めそうなビジネスチャンスを見つけます。次に、ビジネスの仕組みづくりを行うのですが、このとき同時に、ビジネスを始めるためにいくら資金が必要かを考えます。

そして、資金の目処がついたら実際にビジネスを始めます。

経営者は自分のビジネスが問題なく進んでいるか、さらに利益を出すチャンスはないかなどを探し続けるわけですね。

経営者の役割の本質は、チャンスを見つけ、仕組みをつくり、成果が出ることに集中することなのです。

事業投資の利率は？

ビジネスの仕組みづくりのときには、人を雇うかもしれません。

もしかしたら、お店を借りる、機械を買う、システムの利用契約をするといったこともあると思います。

共通しているのは、将来的な利益のためにお金を先に支払う、つまり先行投資しているということです。

では、事業投資の利率はいくらなのでしょうか？

答えを先に言ってしまうと、経営者の努力とビジネスモデル次第で事業投資で得られるリターンは大きく変わります。

例えば、先行投資の金額が1000万円を投じて、毎年の利益が100万円の場合、事業投資の利率は10％です。

では先行投資の金額が500万円だったらどうでしょう？

毎年の利益が100万円見込めた場合、事業投資の利率は20％となります。

元手の資金はたった5年で回収でき、それ以降の利益は手元に残ります。

ほかの資産形成と異なり、非常に大きな利益を生むように見えるかもしれませんが、もちろんリスクがあります。

先ほど事業投資の利率を決める要素として、経営者の努力とビジネスモデルを挙げましたよね。

経営者の努力はわかりやすいでしょう。

そもそも、利益が見込めるビジネスチャンスをきちんと見極める力が必要です。

同時に、競合他社に負けない戦略を練り、資金調達を行います。

ビジネスがスタートした後も、利益を上げる努力を惜しめば、もちろん利益は上がりません。

もう一つのビジネスモデルが決める、とはなんでしょうか？

例えば、飲食店の利益率は10％～15％程度と言われています。

料理の材料を仕入れる必要がありますし、スタッフを何名も雇う必要があるなど、お客さんに料理を出すためのコストがかかるためです。

一方で、ホームページを制作する会社の場合はどうでしょうか？

経営者自身にスキルがあれば最低限、パソコンと電気代、通信費用のみでホームページをつくることができます。

ホームページ制作単価も20～50万円と高いため、利益率は30％～50％程度になることもあります。

ホームページ制作会社だとしても、制作をエンジニアに業務委託するのであれば、エンジニアに支払う金額が加算されるので、その分利益率は下がります。

このように、業種や事業の仕組みによって、利益率は大きく変わるんですね。

ここで強調しておきたいのは、利益率が高く借り入れの必要がないホームページ制作事業のほうが、飲食店より優れていると言いたいわけでは決してありません。

そもそも単純比較はできませんし、どの事業を行うかは経営者の手腕、社会のニーズなどさまざまな要素が絡み合ってきます。

事業投資を考える時に利益率を計算することは非常に大事ですので、その考え方だけ押さえてもらえれば大丈夫です。

いま使えるお金はいくらか？

資金繰りを考える

では、いくらなら事業投資に使うことができるのでしょうか？

もちろん、できるだけたくさんお金を使えたほうが良いのは確かですが、それでも限度があります。

極端な話、事業にお金を投資しすぎてしまったために、家賃の支払いができなかったり、明日食べるご飯に困ったりしては本末転倒なわけです。

これを防ぐためには、自分がいつお金を使って、いつお金が入ってくるかを把握しなければなりません。

会社員であれば、毎月決まった日に決まった額が入ってくるので計算しやすいかもしれません。

しかし、経営者はいつお金が入ってくるかはお客さんによりますので、そこを計算に入れなければなりません。

頭で考えると混乱してしまいますよね。

そこで重宝するのが、収支計画書と資金繰り表です。

単位：円

6月	7月	8月	9月	10月	11月	12月	計
3,000,000	3,000,000	2,250,000	3,375,000	3,375,000	3,000,000	4,500,000	40,875,000
3,000	3,000	3,000	3,000	3,000	3,000	3,000	
1,000	1,000	750	1,125	1,125	1,000	1,500	
1,800,000	1,800,000	1,350,000	2,025,000	2,025,000	1,800,000	2,700,000	24,525,000
60%	60%	60%	60%	60%	60%	60%	
1,200,000	1,200,000	900,000	1,350,000	1,350,000	1,200,000	1,800,000	16,350,000
200,000	200,000	200,000	200,000	200,000	200,000	200,000	2,400,000
411,000	411,000	400,000	417,600	417,600	411,000	444,000	5,028,800
61,650	61,650	60,000	62,640	62,640	61,650	66,600	754,320
30,000	30,000	30,000	30,000	30,000	30,000	30,000	360,000
50,000	50,000	50,000	50,000	50,000	50,000	50,000	600,000
230,000	230,000	230,000	230,000	230,000	230,000	230,000	2,760,000
150,000	150,000	130,000	180,000	180,000	150,000	250,000	2,210,000
1,132,650	1,132,650	1,100,000	1,170,240	1,170,240	1,132,650	1,270,600	14,113,120
67,350	67,350	-200,000	179,760	179,760	67,350	529,400	2,236,880
2%	2%	-9%	5%	5%	2%	12%	
0	0	0	0	0	0	0	500,000
0	0	0	0	0	0	0	0
67,350	67,350	-200,000	179,760	179,760	67,350	529,400	2,736,880

2,845,910	2,913,260	2,980,610	2,780,610	2,960,370	3,140,130	3,207,480	
67,350	67,350	-200,000	179,760	179,760	67,350	529,400	
2,913,260	2,980,610	2,780,610	2,960,370	3,140,130	3,207,480	3,736,880	

収支計画書

	1月	2月	3月	4月	5月
レストラン事業売上 ①	4,500,000	3,375,000	3,750,000	3,750,000	3,000,000
レストラン平均客単価	3,000	3,000	3,000	3,000	3,000
数量	1,500	1,125	1,250	1,250	1,000
売上原価 ②	2,700,000	2,025,000	2,250,000	2,250,000	1,800,000
原価率	60%	60%	60%	60%	60%
粗利 ③（=①−②）	1,800,000	1,350,000	1,500,000	1,500,000	1,200,000
役員報酬	200,000	200,000	200,000	200,000	200,000
従業員給料	444,000	417,600	422,000	422,000	411,000
法定福利費	66,600	62,640	63,300	63,300	61,650
外注費	30,000	30,000	30,000	30,000	30,000
広告宣伝費	50,000	50,000	50,000	50,000	50,000
地代家賃	230,000	230,000	230,000	230,000	230,000
諸経費	250,000	180,000	220,000	220,000	150,000
販売管理費　計 ④	1,270,600	1,170,240	1,215,300	1,215,300	1,132,650
営業利益 ⑤（=③−④）	529,400	179,760	284,700	284,700	67,350
営業利益率	12%	5%	8%	8%	2%
営業外収入 ⑥	0	0	0	0	500,000
営業外費用 ⑦	0	0	0	0	0
経常利益　計 ⑧（=⑤+⑥−⑦）	529,400	179,760	284,700	284,700	567,350

資金繰り表

月初の現金残高⑨	1,000,000	1,529,400	1,709,160	1,993,860	2,278,560
現金の増減額⑧	529,400	179,760	284,700	284,700	567,350
現金の月末残高 ⑩（=⑧+⑨）	1,529,400	1,709,160	1,993,860	2,278,560	2,845,910

↑ここがマイナスにならなければ、倒産しない

備考
・分かりやすくするため、資金繰り表は経常収支のみで計算しています。

この資料を使えば、簡易的な資金繰りの見通しを立てることができます。表を見てください。

収支計画書では、毎月の売上と経費がそれぞれ整理されているのがわかります。資金繰り表では月初と月末の残高が見える化できるので、先ほどのように家賃を払えない状態は避けられることがわかります。

毎月の経常利益が積み上がり、現金に余裕が出てきているのがわかるでしょうか？ 現金が会社に残っているということは、黒字経営ができていることを示しています。残高がゼロにならない範囲で事業投資をすれば、基本的には問題ありません。

資金調達をする方法もある

もう一つ、資金調達を行うという方法があります。

資金調達とは、銀行などから事業にお金を借りる方法です。

これは、ビジネスを立ち上げれば収益が確実に見込める一方で、先行投資として大きな金額が必要になる場合に効果的な方法です。

もちろん、借りたお金は返さないといけないので、ビジネスが軌道に乗った段階で資金繰りが黒字になることが十分に見込まれる必要があります。

返すあての無さそうな人にお金は貸せないですよね？

それと一緒で、事業が十分に収益の見込みがあり、経営者自身に信用がないと資金調達はできません。

もちろん、借金について抵抗がある方もいると思います。

しかし裏を返せば銀行から借りられるくらい信用が高い会社であることをアピールすることもできます。

借り入れしている銀行名をホームページで公表し、会社のブランディングにしている企業もあるくらいです。

資金調達をする場合も、資金繰り表に返済金額を入れ込んで、銀行残高がゼロにならないように気を付ければ、リスクは最小限に抑えられます。

よくドラマなどで、借金をした経営者が亡くなって家族が借金を肩代わりするシーンなどがありますが、それも借り入れリスクを減らせる保険があるので、家族に迷惑がかかる可能性も減らすことができます。

どのくらいの売り上げが見込めるか

最悪の事態を想定して試算しましょう

では、ビジネスにおいて、どれくらいの売り上げが見込めれば良いでしょうか？

このとき、あなたはぜひ、最悪の事態を想定して試算するようにしてください。

最悪の事態とは、売り上げが通常の半分しか見込めず、しかも入金のタイミングは先方の都合で遅くなる。加えて、支払いは前倒しして欲しいと相談されている状態です。

この状態になっても現金がゼロ円にならなければ、大抵の想定外の事態は避けることができるでしょう。

事業計画を立てるときは誰しも未来の可能性にワクワクするものです。

売り上げも高く見積りがちです。

もちろんそれが悪いことだとは思っていませんが、資金繰りのところは少しだけ我慢して、厳しい目線で考えましょう。

売り上げ見込みの根拠のつくり方

補助金の計画をつくる上でも、売り上げ見込みは根拠づくりが重要です。

売り上げは基本的には「単価×数量」で表すことができます。

単価とは、その商品やサービスの値段を表しています。

数量とは、その商品やサービスが購入される数を表しています。

とてもシンプルですよね。

単価は必ず利益が出るように設定しましょう。

「利益が出るように」と言ったのは、値段によっては売れば売るほど赤字になることがあるからです。

500円の商品を600円で作っていたら、それは売れば売るほど、100円ずつ赤字になっていきます。

次に数量の考え方です。

すでに事業をされている方は、感覚的にわかるかもしれません。

しかし、補助金を申請する時には「なぜその数字にしたのか？」を図や文章で説明しなくてはなりません。

方法の一つとしては、市場規模からお客さんの数を推定する方法です。

あなたのビジネスでお客さんを獲得できるエリアを割り出します。

例えば、新しくオープンする美容院に足を運んでくれるお客さんはどこからきてくれるのかをイメージするとわかりやすいかもしれません。

次に、そこにいる潜在的なお客さんの人数を推定します。

年代・性別などで主なお客さんになるターゲットを決めて、エリア内にいるお客さんの数を割り出します。

さらに、集客をどのように行うかもここで考えます。

扱う商品・サービスにもよりますが、チラシ、広告、SNS運用、セミナー、営業代行など、さまざまな方法があります。

これらを踏まえた上で、いつまでにどれだけの売り上げが見込めるかを検討していきましょう。

試算表を読み解く

取り組みの成果をチェックする方法

事業計画を立てることを未来の予定をつくることだとしたら、毎月の試算表はその成績表だと言えます。

試算表とは、毎月の事業の結果を月次損益計算書（毎月の売り上げと、かかった費用を一覧にしたもの）と月次貸借対照表（毎月の資金とその使い道を表したもの）のことを一般的には言います。

売上高や経費の記帳を毎月行うことで計画通りに事業が進んでいるかがわかります。

もちろん、すべて計画通りに進むことはほとんどないでしょう。

大事なことは、想像以上にうまくいったことや想定外にうまくいかなかったことを洗い出し、どうやったら次回に活かせるか考えることです。

取り組みの成果をチェックするときは、必ず数字を使って評価しましょう。

「一生懸命頑張ったからＯＫ」と思う方もいるかもしれません。

しかし、言葉を選ばずにお伝えすると、経営者は皆さん一生懸命に頑張っています。

数字は、あなたの頑張りがどれだけ事業に貢献しているかをわかりやすく教えてくれる便利な道具です。

成果を数字で評価し、成果を上げ続けることが経営者のなすべきことなのです。

試算表は、そんな経営者の努力を見える化する便利なツールなんですね。

試算表はどうやってつくるのか？

では試算表はどうやってつくったら良いのでしょうか？

試算表をつくる基礎となるデータは、事業の売り上げや経費の実績がわかるような、領収書、請求書などです。

1ヶ月間にいくら売り上げを上げたか、そのためにいくら経費がかかったか、というシンプルな資料をつくることで経営が見える化します。

月末に領収書などを整理して、翌月の早い段階で試算表を読み解くことで、翌月の行動方針の参考にすることができます。

お勧めするのは、会計ソフトを使用することです。

中には、領収書やレシートなどを携帯で写真を撮るだけでクラウド上にアップロードし、経費の記帳をしてくれる会計ソフトもあります。

加えて、銀行口座やクレジットカードとの連携ができるソフトもあるので、それらを使えば、お金の管理が非常に楽になります。

さらに、月次損益計算書や月次貸借対照表などの試算表を自動で作成してくれるものまであります。

便利な会計ソフトを使えば、簡単に見やすい資料がすぐにつくれるので、一分一秒が貴重な経営者の強力なツールになることでしょう。

補助金申請が失敗した時の対処法

審査は落ちることがある

補助金制度には審査がありますので、優れた経営者は補助金が落ちた時のことも考えて事業を計画しています。

補助金の財源はあなたが納めている税金です。

補助金の財源には限りがあるので、事務局としてはより成果が期待できる事業計画を練っている経営者を選びたいと思っています。

そこで、より良い提案書を選ぶための審査が設けられているんですね。

補助金をもらいたい経営者は山のようにいますので、受かる経営者もいれば、残念ながら落ちてしまう経営者もいます。

採択率は補助金の種類によって幅があり、10%~80%程度です。

感覚的に、ネット検索して簡単に見つかる補助金の採択率は応募者が多いので40%くらいだと思って良いでしょう。

公募申請が採択されればもちろん問題ありませんが、同時に採択されなかった場合も想定しなければなりません。

もちろん補助金を使う事業計画書の出来も大事になってきますが、実は計画書以外の審査項目もあるんですね。

補助金の審査は大きく分けて①基礎審査②計画書審査③加点審査の三つがあります。

基礎審査とは、そもそも補助金を申請する要件を満たしているかを審査するものです。法人限定の補助金に個人事業主が申請しても、そもそも要件を満たしていないので採択されることはありません。

計画書審査とは、計画書のクオリティによって評価されます。

この評価を最大化することが、補助金サポーターの腕の見せ所となります。

加点審査とは、政策的な要因で、申請者の状況によって加点されるものです。

経済産業省や中小企業庁関連の補助金だと、従業員の賃金引き上げを約束するなどが加点要素になることが多いです。

その他、事業承継を行う、カーボンニュートラルに貢献する、事業を行う場所が過疎地域などの条件を満たすことで加点になることがあります。

これは補助金の種類ごとに加点項目が異なりますので、補助金の申請をする前に、必ず確認しましょう。

加点項目は色々な種類がありますが、少子高齢化や人口の一極集中、働き方改革など、国全体で取り組む政策に関するものが多い印象です。

繰り返しになりますが、事業計画書の出来栄えで点数が上がるのは、②計画書審査だけなんですね。

ほかの点数は、その会社の決算状況や雇用状況、国が特に推し進めている取り組みかどうか等の要素が関わってきます。

ですので、仮に100点満点の計画書を作ったとしても、採択されない可能性も残念ながら残ってしまうんですね。

補助金が採択されなかった時の対処法

もし補助金が採択されなかった場合の対処法としては、「採択されなかった時の計画書」を作っておくことが挙げられます。

補助金が採択されなかった時に一番大きく影響を与えるのは、事業を進めるための先行投資額と事業開始タイミングの二つです。

補助金は採択されてから「交付申請」という事務手続きを行う必要があります。この手続きに大体1～2ヶ月かかるので、事業がスタートするのは採択されてから2ヶ月後となります。

もし不採択になった場合、交付申請を行う必要がないので、すぐに事業を開始することができます。

次に、事業を進めるための先行投資額についてですが、これは補助金が出ないため、資金繰りを見直す必要があります。

総事業費1000万円のうち、500万円補助金で補填する予定だった計画で、補助金が支払われないとなると、当然影響は大きいですよね。

この場合、本業に影響が出ない形で先行投資額を少なくできないか検討します。

一番シンプルな方法は、広告宣伝費を下げることや、購入する機械の中で安いものを探すことなどが挙げられます。

最初の先行投資額をできるだけ下げて、事業が軌道に乗った段階で追加投資をすることで、資金繰りがショートするリスクを下げながら事業展開ができます。

ほかには、次回の募集に再チャレンジする方法があります。

もちろん、事業を始めるために必ず必要となる機械の購入などは、事業をスタートするタイミングが関わるので、補助金の対象にしないほうが良い時もあります。

その場合は、その分の費用を外して、部分的に補助金を申請する方法もあります。

こうすれば、補助金を少しでも活用しながら、事業をスピーディーに進めることができます。

補助金の申請は補助金が採択されなかった場合も想定して申請することが大事なんですね。

補助金はチャレンジすることに意味がある

補助金に採択されなかったら、チャレンジした意味がないと思う方もいるかもしれません。

ですが私は、補助金に申請すること自体に意味があると思います。

多くの経営者は事業を良くしていくために、休むことなく事業に取り組んでいます。特に飲食店や美容室などの業界は、経営者でありながら現場に立っている方も少なくないでしょう。

目先の仕事を一生懸命やればやるほど、将来の事業戦略を考える時間はどうしても少なくなってしまいます。

補助金の申請は、半年後から1年後の未来の事業戦略を考える良いきっかけになります。なにより、具体的に数字に落とし込むことによって売り上げ見込みの立て方や経費の金額感など、経営者に必須である金銭感覚が養われます。

補助金にチャレンジして、残念ながら不採択となってしまった場合でも、その経験が消えてなくなることは決してないのです。

また、作った事業計画書も無駄になりません。

同じ種類の補助金が年に何回も募集されることがあります。

内容をさらに磨き上げて、再度申請して採択に至ったケースもたくさんあります。

補助金はチャレンジすることに意味がある！

①落ちたときの計画書作り

②資金繰り見直し宣伝費、コスト

③次の募集に再チャレンジ

私の経験で言えば、補助金サポートを始めて1年間、再チャレンジを希望した方はほぼ全員採択しています。

補助金が不採択になることは決して嬉しいことではありませんが、成長痛として経営者としての能力を高め、新しいチャンスを呼び込む機会になるのです。

第 5 章

補助金申請の
成功例・失敗例

この章では、実際に補助金を使った時のイメージがしやすいよう、成功例・失敗例を紹介していきます。これから補助金申請を検討するにあたって、実際の準備の仕方や注意する点について理解を深めていきましょう。

成功例①
超ニッチな補助金を使って、投資額800万円をコストカット

もともとは観光関連の補助金に挑戦

この企業は沖縄県で不動産事業やキャンプ事業を営んでおり、リゾート地で新事業の立ち上げを検討していました。

もともとは観光関連の補助金にチャレンジしていましたが、観光関連の補助金は非常に倍率が高く、不採択が続いていました。

その中で私にご相談いただき、事業計画を詳しく伺いました。

相談を受ける中で、その経営者がやりたいことが、沖縄県にほかの都道府県の企業がサ

テライトオフィスとして活用できるようなコワーキングスペースをつくることだとわかりました。

そこで、私が補助金の募集を確認して提案したのが、内閣府沖縄総合事務局が公募していた「沖縄テレワーク推進事業費補助金（テレワーク施設整備事業）」という補助金です。

この補助金は数年間募集していながら、インターネット上で検索しても解説情報がほとんどなく、ＳＮＳ上でも数えるほどしか話題になっていないものでした。

補助金の上限額が２０００万円で、事業費の80％が補助金として返ってきます。

つまり、単純計算で補助対象経費が２５００万円以上の場合、満額の２０００万円が補助金としてもらえます。

この補助金は非常に補助率が高く、しかも補助金が８００万円以下の場合、優先採択枠が設定されていました。

そのことを経営者に伝えたところ、設備投資予算もたまたま近い金額を考えていたそうで、この補助金に挑戦することを即決しました。

補助金の公募申請について

この補助金の締切が10日を切っていたため、早急に申請までのスケジュールを立てて、資料の準備をしなければなりません。

一般的に補助金の申請準備は1ヶ月～2ヶ月ほどかかるので、その1／4ほどの時間しかありませんでした。

幸いなことにサテライトオフィスの収支計画や事業拡大のための戦略はすでに経営者が作成していました。

その計画をもとに、補助金を使う事業として、計画をブラッシュアップしていきました。具体的には、私が補助金のルールブックである公募要領を読み込み、補助金を申請するための注意事項や、補助金の経費にできる費用を説明しました。

次に、数年以内の事業のイメージや地域貢献したい内容を二人で洗い出し、補助金を通して国が求めている取り組みに合っていることを改めて確認しました。

経営者が見積の取得に奔走しながら、事業計画を一緒に作成しました。

その結果、補助金に申請することを決めてから、たった3日間で申請に必要な書類をすべて整理し、申請することができました。

申請後の動き

補助金の申請締切から結果通知まで、約2ヶ月ありました。

経営者は資金調達を行う必要があったため、投資家や金融機関への事業提案を行いました。

補助金の対象になっている内装工事などは採択が決まり、交付申請を終えてからでないと契約や工事着工ができないため、それ以外の準備をしていました。

補助金の採択通知が無事届いた後は、交付申請の手続きの準備です。

交付申請には、公募申請のときよりも詳細な計画や見積書の提出が求められます。

これも補助金の種類によって、集める書類やルールが異なるので、事務局から届いた資料を私が読み解き、経営者に説明しました。

資料を集める中で浮かんだ疑問点は私に都度質問してもらい、事務局に質問すべき内容と調べればわかる内容を整理しました。

経営者が本業を行いながら交付申請ができるよう、負担をできるだけ減らしたんですね。

そのため、交付申請の準備は通常1ヶ月ほどかかるものを、採択から3週間ほどで交付申請までを完了させました。

この経営者は、補助金を使うことで先行投資額の80％を補助金でコストカットでき、新事業のリスクを最小限にすることができました。

その結果、資金繰りを安定させながら、サテライトオフィスをつくることができました。

今ではサテライトオフィスとコラボレーションした、新しい取り組みに挑戦しているそうです。

成功例②　補助金申請は落ちたけど、資金調達に成功

補助金は不採択

この方は、もともと東京の肉料理をメインにしているお店で腕を奮っていたシェフです。もともと都内で独立して飲食店を経営しようとしていましたが、子供の出産を機に、自然豊かな場所で子育てをしたいという想いが強くなり、縁もゆかりもない宮城県で創業を決意しました。

詳しいお話を伺うと、その方は古民家をレストランとしてリノベーションし、地域の事業者と連携しながら、食材本来の味を生かした料理をつくりたいという話をしていました。

その際に提案したのが、農林水産省が公募している「農山漁村振興交付金（農泊推進対策（農泊推進事業、人材活用事業、農家民宿転換促進費及び施設整備事業））」という補助金です。

この補助金は協議会と呼ばれる任意団体をつくり、地域が一体となって活動する取り組みを補助するものです。

補助率は先行投資の種類により変わり、例えば古民家リノベーション費用は1／2、そのほかの経費はなんと100％補助されます。

100万円使ったら100万円返ってくるのは、とても魅力的ですよね。

さらに、協議会に関する取り組みを行うための雇用を行うことも可能ですので、協議会運営に必要となる経費の多くが補助されるため、非常に使いやすくなっています。

この方は、全く新しい土地で物件探しからのスタートとなりました。

事業費は数千万規模を想定していたので、もちろん借り入れは必要になります。

私はその経営者と一緒に、地元の銀行を回り、事業計画のプレゼンテーションに同行しました。

融資は難しいというお話をいただく中で、強く興味を持ってくださった銀行がありました。

その銀行には、補助金の事業計画を持参し、資金繰りに関する具体的なスケジュールを説明しました。

補助金が採択されてから事業は進みますので、借り入れなども結果が出てから動くことになります。

補助金を申請してから結果が出るまで、何度も銀行担当者とやりとりする中で、シェフが地域貢献として行っていることや、事業の戦略について何度も説明することができました。

その結果、補助金自体は残念ながら不採択となりましたが、銀行融資は希望額を調達することができました。

これはもちろん、シェフの事業計画が非常に優れており、銀行として信頼を持って資金提供できると判断した結果です。

しかし、補助金を申請していなければ、シェフの事業計画を何度も銀行の担当者に伝えることはできなかったと思います。

成功例③ 複数の補助金を併用

補助金一つ目

その方は東北でレストラン事業を営んでいる個人事業主の方です。

10年近く、大型商業施設のテナントでレストランを経営されており、家族連れのお客様で連日賑わっていました。

しかし、2020年からの新型コロナウイルス感染拡大の影響で、大型商業施設への客足がほとんどなくなり、売り上げが大幅に減っていました。

このレストランではオンライン販売など、お客さんが来店しなくても売り上げを上げられるような取り組みを行っていなかったので、このままではレストランの存亡に関わる状態でした。

オンライン販売が可能な新商品をつくり、地元のファミリー層に届ける仕組みをつくれば、事業存続に必要な収入源が確保できると思い至りました。

そのときに補助金という制度があることを知り、縁あって私がサポートさせていただくことになりました。

お店の客席は60席ほどの広さがありました。

経営者は新型コロナウイルスの影響が数年間続くと予想しており、客席の稼働率もかなり低くなるのではないかと考えていました。

そこで、客席の一部を撤去して、パン工房を増設する計画を立てました。

収支計画と必要な先行投資額が明確になったので、申請できそうな補助金を探しました。

そこで見つけたのが、中小企業庁の「事業再構築補助金」です。

この補助金は、この経営者の場合は補助上限額が５００万円、補助率が３／４の枠に申請できました。

この条件は、ほかの補助金に比べて非常に手厚いものでした。

パン工房をつくるときの費用が７００万円程度でしたので、ちょうど補助金をフル活用することができます。

事業再構築補助金の申請を提案したところ、非常に喜んでいただきました。

約１ヶ月の準備を経て補助金を申請し、無事に採択に至りました。

補助金二つ目

事業再構築補助金が採択された後で、経営者からお電話いただきました。銀行から新しい補助金の案内をもらってきたので、自分に使えるものなのかどうか、調べてほしいとのことでした。

その補助金の名前は、「宮城県中小企業等再起支援補助金」というものです。補助金の上限額が100万円、補助率は2／3と、事業再構築補助金と比較すると少額ではあります。

それでも先行投資額の100万円が補助金として返ってくるので、逃す手はありません。私は補助金の概要と補助金の対象経費にできる費目を読み解き、経営者にお伝えしました。

すると、パン工房事業とは別に古民家フレンチレストラン事業を企画していると教えてくださいました。

すぐに経営者と打ち合わせを行い、今後のスケジュールや先行投資額などを確認しました。

その結果、古民家フレンチレストラン事業の方で補助金が活用できることがわかりました。

そこですぐに資料整理を行い、申請しました。

決算書や企業情報は事業再構築補助金を申請する時に頂いていたので、事業再構築補助金よりもスムーズに資料整理ができました。

補助金サポートを依頼いただいてから、１週間ほどで申請することができました。

無事に補助金が採択され、事業再構築補助金に続いてこちらの補助金を使って事業をすることができることになりました。

このように、補助金は同じ経費を補助金の対象にしなければ、複数獲得することができます。

限られた資金をうまく使って先行投資を次々と行いたい経営者にとっては、大きなメリットと言えるでしょう。

逆に、例えばＥＣサイトの構築費用をＡという補助金とＢという補助金で二重計上することはできません。

補助金を使えば、事業に必要な初期投資費用を抑えて、次々と事業展開ができるんですね。

失敗例① 補助金を待っていたらビジネスチャンスを逃した

採択までの待ち時間が機会損失になる可能性

今までは補助金の成功例をお伝えしてきましたが、ここからは補助金の失敗例をお伝えしたいと思います。

補助金の相談に来たとある経営者がいらっしゃいました。

その方は、関東で美容サロンを複数展開していらっしゃる方で、これから事業を急拡大するために活動されていました。

経営者仲間から補助金の話を聞いて、そのサポートをお願いできる方を探していたようです。

お話を伺うと、補助金を使って、新しい美容化粧品を製造したいとのことでした。

美容化粧品を製造する時にかかる経費を補助金の対象とすることはできるのですが、計画では1ヶ月後には事業を進めたいと言っていました。

しかし、補助金の対象にするためには、採択されてから契約・発注を行わなければなりません。

経営者は美容化粧品の開発を延期すると言いましたが、ここで補助金のリスクについて説明しました。

補助金は、どんなに完璧な計画書だとしても、必ず採択されるわけではありません。これは補助金の審査方法に特徴があるからです。

人気の補助金ほど応募者が殺到して、倍率が跳ね上がります。時には倍率が10倍を超えることもあります。

補助金の審査は大きく分けて①基礎審査②計画書審査③加点審査の三つがあります。この三つの審査項目を基準として、事業計画書の中身や添付書類などが審査され、総合得点の高い事業計画書から採択されていきます。

特に倍率が高いほど、計画書審査の点数は高いレベルで拮抗します。そのときに命運を分けるのは、加点項目だったりするわけです。

補助金を積極的に申請することは良いことだと思いますが、補助金が出ることを前提で事業を企画してしまうと、資金繰りなどに悪影響を及ぼす可能性があります。

補助金に絶対はない、ということは覚えておきましょう。

また、補助金を活用する前提でスケジュールを検討すると、美容化粧品の開発が3ヶ月以上遅れることがわかりました。

ビジネスチャンスを勝ち取るために1分1秒を惜しんでいる経営者にとって、3ヶ月という時間はあまりにも長いです。

私はこの3ヶ月で起こりうる機会損失について説明をしました。

すると経営者からは納得いただき、むしろそのような助言をしたことに感謝されました。

美容化粧品の開発を補助金の経費にすることは諦めることになってしまいましたが、その後別の経費で補助金申請を行い、無事採択されました。

失敗例② 補助金を満額取ろうとした

補助金を上限額いっぱい獲得しようとした

とあるインフラ関連の事業をされている経営者から相談をいただきました。

話を伺うと、事業再構築補助金を申請したいとのことです。

補助金を使ってどんな事業を行いたいのか質問しても、具体的なイメージが全く湧いていないとのことでした。

ただ、インターネットで補助金を調べていたら、最大1億円も補助金がもらえるということで、飛びついたとのことです。

気持ちはわかりますが、これは補助金を使うときの典型的な失敗例です。

補助金をもらうことが目的になってしまっているんですね。

私は常々「補助金は使えるだけ使いましょう。ただし、必要最小限で」と説明しています。

補助金制度の大原則として、経営者がお金を支払ってから、その一部分が補助金で返ってくる仕組みになっています。

金額が大きくなるほど、経営者自身の手出しが増えることになるんですね。

資金に余裕がある経営者であれば良いかもしれませんが、余計なリスクを負う必要はありません。

そのことを説明したところ、ご納得いただき、将来的にどんな戦略で事業を大きくするか、前向きに検討いただくことになりました。

失敗例③　知人から高めに見積もってもらって、キャッシュバックしてもらおうとした

補助金を絡めたうまい話

最後の例は、経営者からではなく、ＷＥＢ関連の事業をされている方からの問い合わせです。

自社のWEBシステム構築をお客様が検討されていて、その経費を補助金でコストカットできないかという相談でした。

私は事情を聞き、いくつか補助金の提案を差し上げたところ引き合いがあり、私とWEBシステム構築の会社、システム導入を検討されている事業者の三人で打ち合わせをしました。

ところが、事情を聞くと、どうやら補助金の対象経費であるシステム構築費用の金額を多めに見積もり、もし採択されたら自己負担分をキャッシュバックで相殺し、実質無料でサービスを行うつもりだということがわかりました。

これに対して私は「申請を行うあなたのリスクが大きすぎるので、止めてください」と伝えました。

補助対象となる経費を水増しし、補助金を多く取ることは、補助金の不正受給にあたります。

もし不正受給をした場合、申請した方の採択取り消しのみならず、加算金を課した上で補助金の全額返還を求められます。

どんな危険が潜んでいるか?

このWEBシステム構築を補助金で申請しようとしている経営者には見えていない、危険が潜んでいます。

うまい話にはワケがある、ということです。

一つ目が、計画書の質が落ちるため、採択率が下がる可能性があるということです。

補助対象経費にする経費の見積額を水増しすると、当然ですが補助対象経費額が増えます。

補助金の審査基準には多くの場合「積算の適切性」が入っています。

これは要するに、補助金を使ったこの計画が〝ほかの企業の計画書と違って〟コスパが良いものであるかを評価する項目になります。

金額を通常より多く見積もると当然、ほかの計画書よりもコスパは良くならないですよね？

もちろん、この場合でも採択される可能性はゼロとは言い切れませんが、公務員として補助金の実務を担当していた経験上、採択率は下がるものと思われます。

二つ目が、金銭トラブルに巻き込まれる可能性が高い、ということです。

私が補助金サポートをしたお客さんで、過去に金銭トラブルになった方がいらっしゃいます。

「補助金が出るので、ホームページをつくりませんか？」という謳い文句のままに、補助金の申請をし、採択されたそうです。

しかし、その事業者は、公募申請の手続きはサポートしても、事業に取り組んでいる期間の事務手続きはサポートしてくれませんでした。

本業に手一杯な経営者が複雑な補助金事務手続きを進められるはずもなく、お金は支払っているのに補助金を受け取ることができなかったそうです。

補助金制度は、計画が採択されて終わりではなく、その後のスケジュール管理や資料整理を厳密に行わなくてはなりません。

これは、税理士が行うような経費の仕分けとは異なるルールなので、ほかの方にお願いしようと思っても、誰も受けてくれないということが起こりうります。

結果、その経営者は割高のサービスを受けてしまい、補助金も得られず、大損してしまいました。

どんなに補助金を斡旋している人が良い人であっても、補助金を絡めたうまい話は避けましょう。

このようなトラブルは数えればキリがありません。

補助金サポートの金額の相場

このようなトラブルを避けるために、補助金のサポートを依頼する場合は金額の相場を押さえておきましょう。

補助金の種類や、どこまでを支援するかで報酬金額は変わりますが、計画書の作成支援代として着手金を５〜15万円、成功報酬として補助金額の10％前後が相場です。

この相場より異常に安い、またはすべて無料という場合は、気をつけましょう。

補助金サポーターにも生活がありますので、ボランティアで補助金を支援することはほぼありません。

あなたから直接報酬をもらわないということは、ほかの誰かから報酬をもらっていると言えます。

誰からかというと、補助対象経費にできる商材を販売している提携先のメーカーやWEB関連会社などです。

彼らの商材を補助金の対象経費にし、もし商材が売れれば補助金サポーターにキックバックが入る、という仕組みです。

この場合、商材には補助金サポーターへの報酬料金や相場以上の自社利益を乗せているので、補助金を獲得したにもかかわらず大損する、という可能性があります。

もちろん、自分で何社か相見積を取れば、相場より高額な商材を提案されていることがすぐにわかるのですが、相手はプロなので巧みに営業してくるでしょう。

もし、トラブルに巻き込まれそうになったら、補助金の事務局へすぐに相談しましょう。

第 6 章

自力で行う補助金申請

この章では、あなたが補助金を実際に申請するとして、どのように進めていけば良いかを解説しています。補助金を最大限活用して、事業を拡大してください。

補助金制度の全体像

補助金は採択されることはもちろん大事ですが、採択されてからの動きも非常に重要になってきます。

補助金制度の流れをシンプルに整理すると、次の通りです。

①補助金を探す
②公募申請
③交付申請
④事業の実施
⑤実績報告
⑥補助金の着金

⑦財産の管理
⑧収益納付
順番に説明していきますね。

補助金申請までの流れ

①補助金を探す

「①補助金を探す」にはどうすれば良いでしょうか？

補助金は毎年数百種類も募集されています。

経済産業省などの「国」が募集していることもあれば、「都道府県」や「市町村」単位で募集していることもあります。

こうなってくると、補助金のまとめサイトがあると非常に便利ですよね。

すべてを網羅しているわけではありませんが、お薦めは次の二つ。

一つ目は経済産業省・中小企業庁が運営している「ミラサポｐｌｕｓ」というサイトです。

ほかの方がよく見ている補助金を簡単に調べることができますし、検索ワード機能を使って、補助金以外の支援制度も探すことができます。

ただし、経済産業省と中小企業庁が中心となって運営しているサイトなので、他の省庁が出している補助金を探すのには向いていません。

二つ目はデジタル庁が管理している「jGrants」というサイトです。

デジタル庁は省庁の縦割りをなくす方向でサイトを作っており、国だけでなく、「都道府県」や「市町村」の補助金も検索することができます。

キーワードや業種、募集状況も簡単に調べることができるので、補助金を探すときはこちらがお薦めです。

もし、インターネットで調べるのが苦手な場合は、最寄りの商工会議所に相談しましょう。

すべての補助金情報を集約しているわけではありませんが、経済産業省や中小企業庁などの国の補助金だけでなく、都道府県や市町村独自の補助金情報を教えてくれます。

さらに、提携している中小企業診断士などの専門家に相談する機会も設けてくれるので、今の会社に必要な補助金を見つけることができると思います。

②公募申請

では次に「②公募申請」をお伝えします。

もし申請したい補助金を見つけたら、次は公募申請に向けて資料の整理を進めていきます。まず先に行うのが、公募要領という資料の読み込みです。

公募要領とは、補助金を申請するためのルールが書かれているもので、補助金が募集されたら必ず公表されます。

ここに、補助金を申請するための要件も書かれているので、それをまずは確認します。例えば、小規模事業者持続化補助金を例に取ってみましょう。

はじめに、あなたが補助金を活用してやりたいことが、補助金の目的と一致しているか確認しましょう。

令和元年度補正 小規模事業者持続化補助金 公募要領（第11版：２０２１年６月８日）の本文を引用すると、このように書かれています。

> 「小規模事業者および一定要件を満たす特定非営利活動法人（以下「小規模事業者等」という。）が今後複数年にわたり相次いで直面する制度変更（働き方改革や被用者保険の適用拡大、賃上げ、インボイス導入等）等に対応するため、小規模事業者等が取り組む販路開拓等の取組の経費の一部を補助することにより、地域の雇用や産業を支える小規模事業者等の生産性向上と持続的発展を図ることを目的とします。本補助金事業は、持続的な経営に向けた経営計画に基づく、小規模事業者等の地道な販路開拓等の取組（例：新たな市場への参入に向けた売り方の工夫や新たな顧客層の獲得

に向けた商品の改良・開発等）や、地道な販路開拓等と併せて行う業務効率化の取組を支援するため、それに要する経費の一部を補助するものです。」

文字の羅列が続いていて、わかりづらいですよね。

要するに、自分の商品・サービスが、より多くの人の手に届くような計画があれば、補助金は使えるということです。

次に「補助対象者」の部分を見ると、大きく分けて8つの条件があることがわかります。

「2．補助対象者
本補助金の補助対象者は、（1）から（8）に掲げる要件をいずれも満たす日本国内に所在する小規模事業者（個人、又は日本国内に本店を有する法人）等（単独または複数）であることとします。」

代表的な条件として、「小規模事業者」であることが挙げられます。

これは、従業員の人数が一定以下かどうかで判断されます。

もっと言うと、業種ごとに従業員の人数の上限が変わりますので、自分がどこに該当するのか、気をつけて確認しましょう。

補助対象者の条件をクリアしたら、次は「補助対象経費」をみていきましょう。

4．補助対象経費

（中略）

（5）補助対象となる経費は次に掲げる経費であり、これ以外の経費は本事業の補助対象外となります。また、補助金の額は、補助対象経費に補助率を乗じて得た額の合計額となります。

経費内容

①機械装置等費、②広報費、③展示会等出展費、④旅費、⑤開発費、⑥資料購入費、⑦雑役務費、⑧借料、⑨専門家謝金、⑩専門家旅費、⑪設備処分費、⑫委託費、⑬外注費

【各費目の説明】

①機械装置等費

事業の遂行に必要な機械装置等の購入に要する経費

（中略）

【対象となる経費例】

高齢者・乳幼児連れ家族の集客力向上のための高齢者向け椅子・ベビーチェア、衛

生産性向上や省スペース化のための鍋・オーブン・冷凍冷蔵庫、新たなサービス提供のための製造・試作機械（特殊印刷プリンター、3Dプリンター含む）、販路開拓等のための特定業務用ソフトウェア（精度の高い図面提案のための設計用3次元CADソフト、販促活動実施に役立てる顧客管理ソフト等）

ここには、具体的にどんな経費が補助金の対象になるかが書かれています。

例えば、最初の項目にある「機械装置等費」を見てみましょう。

この経費の定義は「事業の遂行に必要な機械装置等の購入に要する経費」だそうです。

いまいちピンと来ませんよね。

その次に、対象となる経費例があります。

「生産販売拡大のための鍋・オーブン・冷凍冷蔵庫、新たなサービス提供のための製造・試作機械（特殊印刷プリンター、3Dプリンター含む）、販路開拓等のための特定業務用ソフトウェア」などが対象になるようです。

このような例を見て、あなたの事業に置き換えた場合、どのような経費が補助金の対象になるのかを検討します。

ここまで調べた上で、あなたの計画を申請することができるかどうか、そして補助金を使って事業を拡大していけそうか判断をしましょう。

次に「提出資料」を確認します。

ここには、補助金を公募申請する時に計画書と一緒に出す資料が書かれています。

基本的には確定申告書や決算書などがほとんどですが、中には取得するのに時間がかかるものがありますので注意が必要です。

資料が集まったら、ここでようやく事業計画書の作成に入ります。

事業計画書はほとんどの場合、様式つまりテンプレートがワードなどで公表されています。

あなたがこれからやりたい事業についてできるだけ具体的に書きましょう。

ポイントとしては、次の五つを意識して書くと良いでしょう。

○今の会社の状況
○今の事業に対する課題やチャンス
○今後半年～１年以内にやりたいこと・目標
○そのために必要な先行投資
○これらの取り組みが補助金の趣旨に合っていること

事業計画書を作成するのには、だいたい20～50時間ほどかかると言われています。

本業を行いながら準備を進めなければならないので、資料作成までに１ヶ月はかかると思って準備しましょう。

①会社の状況

②今の事業に対する
課題やチャンス

③今後半年～1 年以内に
やりたいこと・目標

④目標実現のために
必要な先行投資

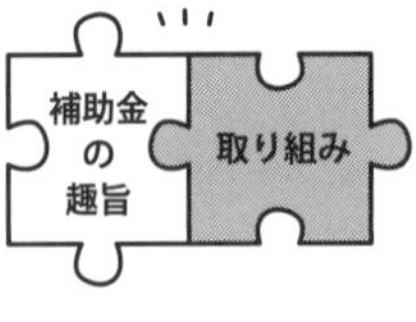

⑤取り組みが補助金の
趣旨に合っていること

もし事業を進める時に銀行融資が必要であれば、この段階で銀行に相談しましょう。

補助金が採択された場合の計画と、採択されなかった場合の計画を用意していくことがポイントです。

採択されてからの流れ

③交付申請

補助金が採択されたら、次は交付申請という手続きを行います。

ここが非常にややこしいのですが、補助金は採択されても、交付申請を行わなければ、正式に補助金が交付される事業とは認めてもらえないんですね。

採択されて嬉しい気持ちでいっぱいだと思いますが、気を引き締めていきましょう。

交付申請とは、補助金の金額を確定させるための手続きです。

公募申請と何が違うのかというと、公募申請段階の計画書の中に補助対象外の経費が含まれている場合があります。

補助対象外の経費は除外しないといけないので、補助金の対象になるものと対象外のものを分別する作業が必要になります。

この分別作業が交付申請だと思ってください。

補助金の種類によって作業は色々とわかれますが、中には相見積の取得や、より詳細な事業計画書の作成が求められる場合もあります。

なぜこのように回りくどいことをするのでしょうか？

それは、補助金の財源があなたの税金だからです。

ニュースで「税金の無駄遣い」という言葉を見かけたら、ほとんどの方は嫌な気持ちになるはずです。

それと同じで、補助金制度を設計する時は、税金が無駄遣いされないように、見積を複数取り、一番安い会社を選ぶルールを設定しています。

交付申請を行うと、だいたい1ヶ月ほどで事務局から交付決定通知書と呼ばれる公文書が届きます。

ここに書かれている補助金の金額が、計画通りに事業を進めた後に支払われる補助金の上限額となります。

④事業の実施

交付決定通知書が届いたら、いよいよ事業スタートです。

事業を進めるために契約書を交わしたり、発注書を出したりと、計画に遅れが出ないよう手続きを進めていきましょう。

このときにチェックするべき書類が「補助事業の手引き」というものです。

これは、交付申請以降の事業の進め方を整理したもので、補助金の種類ごとに整理されています。

補助金の経費は機械等購入費や広告宣伝費など、いくつかの区分にわかれています。その経費ごとに、保存する資料や気をつける点が異なるので、注意が必要です。

資料については、相見積、契約書、発注書、納品書、成果物の写真または報告書、請求書、領収書を整理しておけば大抵の場合は大丈夫です。

特に気をつけなければいけないのは、支払い元の通帳名義です。

通帳は申請した法人名義のものを必ず使いましょう。

これを間違えてしまうと、ほぼ確実に補助金の対象外となってしまいます。

通帳からの支払いは取り返しがつかないので、通帳を複数持っている方は特に気をつけましょう。

また、補助事業の中で機械を購入したり、ＷＥＢサイト作成を依頼したりする会社が資料作成に協力してくれるか、必ず確認しましょう。

実績豊富な会社に依頼する場合は問題ないのですが、個人事業主や創業間もない会社に依頼する場合、契約書がすぐに用意できない、報告書が出せないなどと言われてしまうことがあります。

補助金の事務手続きは一般的な帳簿整理とは異なり、資料の書き方に細かいルールがあります。

資料の差し替えを補助金事務局から指示されることも多々ありますので、そのような場合でも対応してくれる会社に依頼しましょう。

⑤実績報告

実績報告とは、計画を期限内に終えたことを事務局に報告する手続きです。

補助金の手引き通りに事業を進めていれば、特に問題なく終わる作業なのですが、場合によっては何度も差し戻しになることがあります。

これは事業実施のときから気をつけておくべきなのですが、経費ごとに資料の体裁に間違いがないか確認しましょう。

主なチェックポイントとしては次のとおりです。

・補助事業の手引きの中で示されている資料がすべて揃っているか?
・宛先にミスがないか?
・資料の日付があべこべになっていないか?
・支払いが事業実施期間内に完了しているか?

実績報告を行うのも期限があります。

特に、初めて補助金申請をする場合は、不慣れな作業が多いので、時間に余裕をもって取り組みましょう。

⑥補助金の着金

実績報告が滞りなく完了すると、補助金が口座に振り込まれます。

今までの苦労が報われる瞬間ですね。

事業をすべて自己資金で行っていた場合は資金繰りが良くなりますし、もし銀行から借り入れをしていた場合は、返済に回すこともできます。

補助事業としては、ここで一旦完了となります。

計画通りお金を使う

補助金を使うときに注意しなければならないのは、「計画通り」にお金を使う、ということです。

例えば「Aという機械を購入して新しいメニューをつくる」という計画書を作っている

のに、勝手にBという機械を買ってはいけないのです。

下手をすると、お金を支払ったのに補助金が支払われないということにもなりかねません。「このくらい良いじゃないか」と思うようなことでも、補助金の事務局としては見過ごせない場合があるんですね。

これには理由がありまして、補助金事務局は補助金の採択・不採択を決める段階で事業計画書を評価して、より良い計画書を採択しています。

評価した計画と実際の取り組み内容が違っていると、評価自体がそもそも正しかったのか、という議論になってしまいます。

ですので、補助金は大原則として、計画通りお金を使い、事業を進めなければなりません。

このように聞くと、使いづらい制度だと思う方もいると思いますが、補助金事務局としても変化の激しいビジネスでは、計画の変更も仕方がないと一定の理解をしてくれています。

補助金には必ず、計画の変更についてのルール決めがされています。

当初の計画と違うことをしなければならないと思った段階で、まずは計画の変更を事務局に相談しましょう。

全然違うことをするのでなければ、事務局も計画の変更を認めてくれます。

そうすれば、計画をすぐに軌道修正しながら、補助金でコストカットしていくことができるでしょう。

事業が終わった後の流れ

⑦財産の管理

忘れられがちですが、補助金で取得した機械や建物などは売却や譲渡、廃棄などに制限がかかります（これを財産処分制限といいます）。

なぜこんな制度があるのかと言うと、例えば補助金を受け取った直後に、購入した機械を売却して儲けようとする行動をやめさせるためにあります。

財産の管理は、基本的にはずっと行う必要があります。定期的に補助金事務局へ報告する必要がある場合もあります。

一方で、事業者が廃業・倒産した場合、財産を売却したり、譲渡したりする可能性もあります。

この場合は、事前に事務局へ相談することで、財産処分を承認してもらうことができます。

ただし、この場合でも事後報告は絶対にしてはいけません。

勝手に財産処分をしてしまうと、場合によっては補助金を返還しなければならなくなります。

あなたに支払われた補助金は、みんなが払った税金なのです。

補助金が出た瞬間は嬉しいものですが、しばらくするとどうしても、税金を使っていることを忘れてしまいます。

財産の管理は面倒なことも多いですが、みんなの税金を使っている以上、しっかりと管理していきましょう。

⑧収益納付

収益納付とは、補助事業を進めることで収益が得られた時に、受け取った補助金額を上限として返還することを言います。

超シンプルに言うと、儲かりすぎた時はその一部を返してください、というルールです。

「あれ、補助金は返す必要のないお金じゃないの？」と思った方もいると思います。

補助金は大原則、返す必要はありませんが、例外があります。

補助事業によって生まれた新しい商品やサービスが好調の場合、利益の一部を返納しなければならないことがあります。

収益とは補助事業によって導入した設備によって直接生まれた利益のことを指しています。利益なので、売り上げから売上原価や諸経費を差し引いた金額、と覚えておきましょう。

例えば、補助金で機械を導入し、新しく作った商品による利益は「直接生まれた利益」です。

一方で、広告宣伝費による収益は、広告宣伝の効果によるものか判断できないので「直接生まれた利益」には含まれません。

これは、補助金によってルールが異なりますので、個別に判断していく必要があります。

これはあくまで目安ですが、1000万円の機械を買って新しく作った商品「だけ」で得た年間利益が200万円程度であれば、収益納付には該当しません。

どれが収益納付の対象になる経費なのかは、補助金事務局や補助金サポーターに聞いてみると良いでしょう。

ちなみに、公務員時代に補助金事務局を担当していたときから現在まで、収益納付の対象になった企業を見たことがありません。

収益納付というルール自体はありますが、個人的にはあまり心配しなくても良いのではないかと思います。

計画書の書き方

補助金の趣旨に合ったストーリー性をもたせる

補助金には、どんな取り組みを行う経営者を支援するのか、という目的があります。

これを、補助金の趣旨と言います。

どんな優れた取り組みであっても、この補助金の趣旨を押さえて書かれた計画書でなければ採択率は上がりません。

銀行から資金調達する時も似たような事業計画書をつくることがありますが、銀行向けの事業計画書との大きな違いはここにあります。

創業助成金と、小規模事業者持続化補助金の趣旨を見比べてみましょう。

①創業助成金（東京都中小企業振興公社）
都内開業率は約4・8％（令和元年度）と米国・英国に比べて低い状況にあります。そのため、東京都では創業希望者への着実な支援により都内開業率の向上を図ることを目標に掲げております。本助成事業は東京都における創業のモデルケースの発掘や事例の発信等により、創業に挑戦する機運を醸成していくことを目的としています。
引用：令和3年度（2021年度）第2回創業助成事業【募集要項】東京都労働産業局HP

②小規模事業者持続化補助金（中小企業庁）
本補助金事業は、持続的な経営に向けた経営計画に基づく、小規模事業者等の地道な販路開拓等の取組（例：新たな市場への参入に向けた売り方の工夫や新たな顧客層の獲得に向けた商品の改良・開発等）や、地道な販路開拓等と併せて行う業務効率化

の取組を支援するため、それに要する経費の一部を補助するものです。
引用：令和元年度補正予算 小規模事業者持続化補助金（一般型）【公募要領】（第11版：2021年6月8日）日本商工会議所

この二つを見比べてみて、補助金の趣旨の違いがなんとなくわかりますでしょうか？

創業助成金は、東京都の創業のモデルケースを取り上げることを重要視していますね。一方、小規模事業者持続化補助金は、持続的な経営のための販路開拓や業務効率化という二つの取り組みに対して支援してくれると書いています。

一度見ただけでは、このわずかな違いに気づくことは難しいでしょう。

しかし安心してください。

何度も補助金を読み解いていくことで段々とわかってきます。

採択されやすい事業計画書をつくるコツは、この補助金の趣旨の違いを読み切った上で、一度読んだだけで事業の内容が理解できるようわかりやすく書き上げることです。

例えば東京で創業3年目、ワインの輸入小売事業をやっている事業者が、新しくワインバーを開設したい状況をイメージしてください。

このとき、二つの補助金を申請するとしたら、どのようなストーリー性を持たせますか？

もし私がこの事業者の事業計画書づくりをサポートするのであれば、補助事業の概要を次のように書くでしょう。

①創業助成金

本補助事業は、東京都でワインの輸入小売事業を創業した弊社が、創業3年目の事業戦略の一環として小売店舗の空きスペースを活用したワインバーを新たに整備することで、既存顧客への追加サービス提案による収益拡大とワインバーを入り口とした新規顧客獲得を目指し、東京都における創業のモデルケースとして都内産業の活力向上に資するものである。

②小規模事業者持続化補助金

本補助事業は、ワインの輸入小売事業を展開する弊社が持続的な経営実現のため、更なる顧客の獲得に向けた地道な販路拡大戦略の一環として新たにワインバーを併設設備し、新たな顧客層獲得を実現しながら客単価の向上を目指すものである。

補助金を使って行いたいことは「ワインバーの開設」なのですが、単語の使い分けをすることで、ストーリーを作っていることがわかるでしょうか？

公務員は制度設計する時に、皆さんが思っている以上に言葉選びを重要視しています。このストーリーづくりに唯一絶対の正解はありませんが、意識するだけで印象がガラリと変わります。

ぜひ、補助金の目的を理解した上で、ストーリーに富んだ計画書を書いてみてください。

審査基準から逆算する

補助金の趣旨を押さえた上でストーリーづくりが大事だということはわかりましたね。

それでは次に、さらに採択されやすい事業計画書を書くコツを説明したいと思います。

補助金の種類が違ったとしても、このコツはどんな補助金にも応用することができます。

それは「審査基準を押さえた文章を書く」ということです。

ここで、「審査の基準って公表されているの⁉」と思われたかもしれません。

そうなんです、こういう書き方をしたら高評価を与えます、という情報は実は公表されています。

今回は小規模事業者持続化補助金を例に審査基準を見ていきましょう。

審査基準の考え方

事例

この方は東京都渋谷区でネイルサロンを1店舗経営している個人事業主です。

代表自身がネイルサロンの店長としてサービス提供を行っています。

スタッフを2名雇用しており、お客様からは施術時のスタッフとの会話が楽しいと好評です。

口コミで新規のお客様を集客できており、さらにリピート客が多いことが強みです。

今後さらに顧客を獲得し、スタッフを増やして事業を拡大したいと考えています。

この方が得意としているのはハンドジェルネイルという種類の施術で、お客様のファッションスタイルに合わせてデザインを選ぶことができます。

ハンドジェルネイルを施術する前に、お客様の爪の形を整えるネイルケア作業を行う必要がありますが、現状はすべてスタッフの手作業で行っています。

そのため、お客様と十分なコミュニケーションが取れる一方で、施術時間が長く1日あたりにサービス提供できるお客様の数が限られています。

そこで、補助金を活用し、ネイルケア用の最新機器を導入することでネイルケア作業の工程を効率化し、より短い時間で高品質な施術を提供することで、顧客満足度の向上と生産性向上を図りたいと考えています。

効率化することで、1日により多くのお客様にサービス提供することができ、新規顧客獲得に力を入れることができます。

補助金を活用してから1年以内に、月別売上高を20万円（20%アップ）にすることを目標としています。

Ⅰ 基礎審査

①必要な提出書類がすべて提出されていること

必要書類には「自分で作成する書類」と「単に集めるだけの書類」と2種類あります。

自分で作成する書類は補助金の種類ごとに様式が指定されています。

会社の所在地や株主構成、担当者連絡先などの基本的な情報を記入します。

事業計画書もここに分類されます。

次に、単に集めるだけの書類とは確定申告書や決算書など、確定申告のたびに整理している資料のことです。

もし、税理士に顧問をお願いしているのであれば、どの書類が必要か相談すると書類の抜け漏れを防げますよ。

個人事業主の場合は決算書の代わりに所得税青色申告決算書や開業届が求められることが多いです。

必要な提出書類は公募要領に載っているので、必ずすべて揃っていることを確認しましょう。

②補助対象者、補助対象事業の要件に合致していること

補助対象者の要件はいくつかあるのですが、特に重要なポイントを紹介します。

それは「小規模事業者であること」です。

小規模事業者って、普段の生活では使わない言葉ですよね？

これはいわゆる役人言葉というもので、言葉の意味を調べなければなりません。

今回の小規模事業者持続化補助金では、小規模事業者を従業員数で定義しています。

こちらも業種によって色々とルールが異なるのですが、今回のネイルサロンの場合、従業員数が5名以下であれば「小規模事業者」となります。

今回のネイルサロンは従業員が2名なので、要件を満たしています。

③補助事業を遂行するために必要な能力を有すること

これは、補助金で申請する計画書を予定通り進める体制が整っているか、確認するものです。

補助事業とは言い換えると、本業と同時進行で新しい取り組みを行うことです。

購入する機械の購入先などに目処をつけておく必要もあります。

加えて、補助事業の書類整理は、たとえ税理士であっても、普段の業務と異なる資料整理をしなければならないので、ノウハウがなければ難しいです。

明確なルールはありませんが、基本的には、本業と同時並行で補助事業を行っても問題ないことを説明すれば大丈夫です。

ちなみに私が補助金の申請支援をお引き受けした場合、人員体制図の作成や顧問先としてのバックアップ体制を必ず記入します。

これによって初めて補助金にチャレンジする場合でも予定通りに事業を進めることを説明しているんですね。

④小規模事業者が主体的に活動し、その技術やノウハウ等を基にした取組であること

これは、事業計画でやることを第三者に丸投げするような内容になっていないことを確認するものです。

補助金制度は、あくまで申請した事業者の地道な努力を後押しするものなので、企画だけして、ほかは外注するといったことは認められていません。

今回の例のように、代表やスタッフがきちんと関わって事業を進める内容になっていれば大丈夫です。

Ⅱ　加点審査

ここからは加点審査となります。補助金の採択率を上げるためには、ここをどれだけ具体的に、わかりやすく、根拠を持って説明できるかがポイントになります。

⑤自社の経営状況分析の妥当性

〜自社の製品・サービスや自社の強みを適切に把握しているか

自社の製品・サービスについて、できるだけ具体的に書き表します。

主要製品・サービスの価格、主要ターゲット、売上高の推移、お客様からの反響などを書きましょう。

よく、文章ですべて書こうとする人がいますが、文字の羅列が何ページも続いている文章は見づらいです。

箇条書きや図、写真などを取り入れて、パッと見てわかりやすく書きましょう。

今回のネイルサロンの例だと、このようになります。

主要サービス　　：ハンドジェルネイル
価格　　　　　　：４９８０円（指定1カラー）
主要ターゲット　：渋谷に遊びに行くことの多い20代前半の女性
売上高　　　　　：月平均50万円（月１００名利用）
お客様からの評価：スタッフと楽しくコミュニケーションできるため、リピートしたい

⑥経営方針・目標と今後のプランの適切性
経営方針と目標、プランを改めて整理してみましょう。

⑴経営方針

・今後さらに顧客を獲得し、スタッフを増やして事業を拡大したい

(2)目標

・補助金を活用してから1年以内に、月別売上高を20万円アップする

(3)今後のプラン

・最新機器を導入することでネイルケア作業の工程を効率化

・新規顧客獲得に力を入れる

経営方針・目標と今後のプランは、自社の強みを踏まえているか

スタッフのコミュニケーション力によって、渋谷に遊びに行くことの多い20代前半の女性のリピーターが十分獲得できています。

ですので、このネイルサロンの強みは「スタッフのコミュニケーション力」「リピート獲得ノウハウ」と言えるでしょう。

補助事業の計画は最新機器の導入によって、ネイルケア作業の工程を効率化し、新規顧客獲得に力を入れることです。

新規顧客獲得が軌道に乗れば、リピート客が増え、結果的に売り上げを伸ばすことができますので、強みを踏まえた取り組みと言えるでしょう。

経営方針・目標と今後のプランは、対象とする市場（商圏）の特性を踏まえているか

お客様は渋谷に遊びに行くことの多い20代前半の女性です。

対象とする市場は彼女達が作っています。

ネイルサロンに通う目的としてはもちろん、スタッフとの会話を楽しみたいというものもあるかもしれません。

しかし、このお客様の根本的な目的として「もっとおしゃれな自分になりたい」「新しい自分になりたい」「気分を一新したい」などがあるはずです。

今好評いただいているサービスをより短い時間で提供できることは、彼女たちの根本的なニーズを満たすものであるため、最新設備を導入してサービスの効率化をすることで、今まで取りこぼしていたニーズを獲得することができます。

そのため、市場の特性を踏まえた事業であることが言えます。

⑦補助事業計画の有効性

地道な販路開拓を目指すものとして、補助事業計画は、経営計画の今後の方針・目標を達成するために必要かつ有効なものか

「地道な販路開拓」「補助事業計画」「経営計画」という単語が出てきましたね。

このように見慣れない言葉が出てきたら、公募要領などから言葉に込められた意味を探しましょう。

地道な販路開拓の一例として「新たな顧客層の獲得に向けた商品の改良・開発等」と公募要領の冒頭に書かれています。

つまり、補助事業を通して、短い時間で新しい自分になりたいという新しい顧客層を獲得できれば良いわけです。

これは「経営方針・目標と今後のプランの適切性」の部分ですでに示していましたね。

次に「補助事業計画」と「経営計画」という単語についてです。

これは似たような言葉なので、どう違うのかわかりづらいですよね。

公募要領には「小規模事業者持続化補助金は、小規模事業者自らが自社の経営を見つめ直し経営計画を作成した上で行う販路開拓の取組を支援するもの」と定義されていますので、ここからヒントを得ましょう。

簡単に言うと、経営計画とは「もし仮に補助金を申請しなかったとしても事業の指針にする計画」です。

補助事業計画とは「経営計画の中で、今回の補助金の対象になる部分的な計画を抜き出したもの」です。

経営計画を木の幹だとすれば、補助事業計画は木の枝葉と言えるでしょう。

今回のケースでは、経営計画は一言で表すと「今後さらに顧客を獲得し、スタッフを増やして事業を拡大すること」です。

また、補助事業計画は「最新機器を導入することでネイルケア作業の工程を効率化し、より短い時間で高品質な施術を提供することで、顧客満足度の向上と生産性向上を図ること」と言えます。

これらから、このネイルサロンの補助事業計画は、地道な販路開拓を目指すものとして、経営計画の方針・目標を達成するために必要かつ有効であると言えますね。

ＩＴを有効に活用する取り組みが見られるか

今回はＩＴを有効に活用する場面がないので、こちらは該当しません。

加点審査は「もしクリアしていたら採択率が上がる」というものですので、該当していないからダメ、ということはありません。

今回のように、該当しない部分があっても大丈夫です。

大事なことは、クリアできそうな加点審査を確実に押さえていく、ということです。

⑧積算の透明・適切性
〜事業費の計上・積算が正確・明確で、事業実施に必要なものとなっているか

積算の透明とは、補助事業に必要な費用が正確に計算されているかを確認するものです。今回導入を検討している最新機器のカタログや見積書を公募申請前にきちんと取り寄せて、どれだけ正確に事業費を計算しているかを表現できれば大丈夫です。

次に積算の適切性ですが、これは事業実施に本当に必要なものかを示す必要があります。よくあるミスが、事業費として計上しているにもかかわらず、その必要性が補助事業計画に一切出てこないケースです。

今回の例では、補助事業計画に全く出ていないチラシ制作や、事業に関係なさそうな旅費などが計上されていた場合、適切な積算とは言えないわけです。

もちろん、経費の必要性が説明できれば問題ありません。

補助金を申請する前に、補助対象経費がすべて、補助事業計画の中で必要性を説明しているか確認しましょう。

少し抽象的な書き方の部分もありますが、ポイントを一言で表すと「どれだけ緻密に事業のことを考え、設計しているか」です。

これは、補助金を活用しないとしても、事業を立ち上げる時に大事な考えだと思います。

この計画作りを継続するだけで、黒字経営するヒントが見つかる気がしませんか？

高い収益性の見込める事業をぜひ、考えてみてください。

◎小規模事業者持続化補助金＜一般型＞

小規模事業者等（注１、注２、注３、注４）が、地域の商工会または商工会議所の助言等を受けて経営計画を作成し、その計画に沿って地道な販路開拓等に取り組む費用の２／３を補助します。補助上限額：５０万円（注５、注６、注７）。

また、公募開始後、通年で受付を行い、約４か月ごとに受付を締め切って、受付回ごとに審査・採択を行います（注８）。

なお、応募およびその後の申請手続きにおいては、従来の郵送方式のほか、単独申請者については、政府が開発した統一的な補助金申請システム（名称：Ｊグランツ）による電子申請の利用が可能となります。ただし、共同申請の場合は電子申請の利用はできません。

（注１）小規模事業者とは、小規模企業支援法に定める「製造業その他の業種に属する事業を主たる事業として営む商工業者（会社＜企業組合・協業組合を含む＞および個人事業主）」であり、常時使用する従業員の数が２０人以下（商業・サービス業（宿泊業・娯楽業を除く）に属する事業を主たる事業として営む者については５人以下）の事業者です。

（注２）「商工業者」には、医師・歯科医師・助産師や、系統出荷による収入のみである個人農業者等は該当しません。

（注３）上記の小規模事業者のほか、一定要件を満たす特定非営利活動法人も対象となり得ます（詳細は公募要領「２．補助対象者」等をご覧ください。）

（注４）商工会・商工会議所の会員、非会員を問わず、応募可能です。

（注５）産業競争力強化法に基づく「認定市区町村による特定創業支援等事業の支援」を受けた小規模事業者については、補助上限額が１００万円に引き上がります。

（注６）法人設立日が2020年１月１日以降である会社（企業組合・協業組合を含む）、または税務署に提出する開業届に記載されている開業日が2020年１月１日以降である個人事業主については、補助上限が１００万円に引き上がります。

（注７）原則として、個社の取り組みが対象ですが、複数の小規模事業者等が連携して取り組む共同事業も応募可能です。その際には、補助上限額が５０万円～１，０００万円となります（連携する小規模事業者等の数により異なります）。

（注８）複数回の応募受付締切スケジュール（一部予定）は、以下のとおりです（第８回以降については、おってご案内します）。

第６回：2021年10月１日（金）　第７回：2022年２月４日（金）
第８回：2022年６月初旬頃　第９回：2022年10月初旬頃
第10回：2023年２月初旬頃【最終】

出典：日本商工会議所「小規模事業者持続化補助金〈一般型〉公募要領」（第11版：2021年６月８日）より

自力で申請する前に考えてほしいこと

経営者の時間は貴重

補助金サポーターをしていて常々思っていることがあります。

それは「補助金を必要としている経営者ほど、本業が忙しい」ということです。

事業を急成長させていきたいと考えている経営者は常に行動し続けています。

資金繰りの管理はもちろん、スタッフの育成やマニュアルづくりなどの組織体制づくりや、新規事業立ち上げのための勉強、トラブルへの対応など、一分一秒が貴重です。

経営をしていると予想外の出来事がたくさん起きます。

成長し続けている経営者は常に対応しなければなりません。

中には、従業員やほかの人には言えない悩みを抱える時もあります。

毎日1時間を捻出するのにも苦労する経営者も少なくありません。

ここで、少し立ち止まってイメージしてみてください。

今日の正解が明日の不正解になるビジネスの現場で、本業の状況に目を配りながら、あなたの会社に合った補助金を探すことができそうですか？

補助金のルールブックである公募要領は、短いもので20ページ、長いもので70ページを超えるものがあります。

読み慣れない役人言葉で書かれた文字の羅列を、読み解くのは簡単そうですか?

ある経営者は年間営業利益が300万円以上の新規事業を思いつき、たった1ヶ月弱で市場調査を終え、戦略を練り、資金繰りの目処をつけ、物件を押さえていました。

経営者の時間は、経営者自身が思っている以上に貴重で価値があるんですね。

優れた経営者になりたい方は、自分自身の時間が想像以上に貴重でかけがえのないものであることを、もう一度頭の片隅にインプットしてください。

第 7 章

プロに依頼する
補助金申請

この章では、補助金の申請サポートをプロに依頼する時に考えてほしいことを書いています。これから補助金を使いたいと思っている経営者や、補助金サポートを検討している士業の方の参考になることでしょう。

プロに依頼するコツ

プロに相談する時に準備しておくこと

補助金サポーターに相談する時に必ず準備しておいてほしいものがあります。

それは「今後の事業計画のイメージ」です。

言い換えれば、これからどんなことをしたいかを口頭で結構ですので、話せるようにしておいてほしいです。

緻密な事業戦略であるほど、採択率は上がります。

単に「何か使える補助金はありますか？」と言われても「補助金を使ってなにをしたいんですか？」と聞かなければなりません。

せっかく時間を取っていただいたとしても、これから何を行いたいかがわかっていなければ、補助金を活用するアイデアをお伝えすることができません。

事業計画書をつくる上で大事なことは次の三つでしたね。

改めておさらいしましょう。

①売り上げを伸ばすためになにをすべきか？
②そのためにどのような先行投資が必要か？
③最初にやるべきことは何か？

まずはこれらをイメージした上で、プロに相談しましょう。

補助金の担当職員を決める

正直に申し上げると、補助金をもらうためには相当な手間がかかります。

補助金が採択された後も手続きは少なくありませんし、事務手続きをすべて丸投げすることは補助金の制度上できません。

補助金サポーターという仕事は、行政書士などの専門家と異なり、依頼すれば書類を作ってくれる人ではありません。

あなたが思い描く未来予想図を、誰でもわかる事業計画書という形に落とし込み、あなたと一緒に未来をつくるのが仕事です。

ですので、見積書の手配や補助金事務局とのやりとりなどの事務は、補助金を申請する時に避けては通れない道です。

もし会社に経理や総務関係のスタッフがいれば、彼らの中から補助金担当責任者を決めてください。

もちろん経営者自身が窓口になっても良いのですが、本業の経営がある中で煩雑な事務手続きをやるのは負担が大きすぎます。

そこで、会社の補助金窓口をつくり、我々補助金サポーターとのやりとりを整理し、資料集めの補助をしてもらう体制をつくることをお勧めします。

こうすれば、経営者自身は必要最低限の作業で補助金事業を進めることができます。

採択された後も補助金の事務手続きは続くので、早い段階から補助金窓口を作っておくと良いですよ。

信頼できるプロの選び方

信頼できる補助金サポーターの特徴

補助金の申請支援というサービスは新型コロナウイルスが蔓延した２０２０年頃に急拡大しました。

これは、新型コロナウイルスの感染によって倒産しそうな企業がたくさん増えたため、国が補助金という形で企業へ支援を行ったからです。

もともとは一部のシンクタンクや大手コンサル会社の専売特許であった補助金の申請支援が中小企業向けコンサルタントや税理士などにも求められるようになりました。

補助金の申請支援サポート市場は、コロナによって急拡大したといっても過言ではないでしょう。

補助金の申請をサポートすること自体は、特別な資格がなくても誰でもできます。

そのため、この数年で補助金の申請支援を事業にする経営コンサルタントや士業の方々が急に増えました。

そんな中で、信頼できる補助金サポーターをどのように選べば良いでしょうか？

私は補助金サポーターとして補助金に関する相談を年間２００件以上受けています。

中には、ほかの補助金サポーターに対する評判などを話す方もいます。

数々の事例を聞く中で、信頼できる補助金サポーターに共通していることが2点ありました。

1点目が「不採択になる可能性を伝えられる」ことです。

これは意外と思われるかもしれません。

しかし、これを伝えられない補助金サポーターは私から言わせれば責任逃れと言わざるを得ません。

補助金を申請する時、計画書の出来だけで評価されるわけではありません。

国の政策に合った事業であるかどうか、といった加点要素や今までの経営状況から総合的に評価されるからです。

例えば、100件の事業が採択される補助金に150件の応募があったとします。

仮にすべて100点満点の計画書が出てきた時、採択の決め手になるのは、この加点項目なのです。

補助金サポートという仕事は、税理士や行政書士などの専門家と違い、支援したとしても必ず採択を約束できるものではないのです。

もちろん、補助金サポーターとして100点満点の計画書を素早く作成できる能力は必要不可欠です。

当たり前に持っていなければならないスキルです。

スキルを持った上で、不採択になった時の方針を提案できるかが重要なのです。落ちたときの話なんて、誰も言いたくないですよね？

それをあえて話すんです。

ちなみに、私はこの話を契約前に説明したことで、案件を失注したことがありません。補助金で採択されたパターンと補助金で採択されなかったパターンを提案し、経営者が判断しやすいように整理することも、補助金サポーターの仕事なのです。

2点目は「来年度以降の補助金の展望が話せる」ことです。

補助金は、すごくシンプルに言い換えると「経営者のやりたいことを補助するお金」です。

では国や都道府県など、補助金を使いたい経営者を募集する側からすると、補助金とはどのようなものだと思いますか？

国や都道府県から見た補助金とは「政策実現のための手段」です。

「この取り組みにかかった経費を国が補填します」と言われたら、ほぼすべての人は喜んで受け取りますよね？

国は日本を、都道府県はそれぞれの地域を豊かにして、そこに住む人々が安全・安心に生活できるようにする責務があります。

そのために政策目標を立て、目標を達成するための具体的な計画を立て、数年単位という長いスパンで政策を進めていくんですね。

ただし、国や都道府県の力だけでは、豊かな社会を作っていくことはできません。

そこで、民間企業からの協力を得るために、補助金という制度で民間企業の活動を活発にしているんですね。

ここで重要なポイントがあります。

それは、補助金は政策実現のための手段であるため、毎年ルールが変わるということです。

そして実は、来年度以降の補助金の動きもおおよそ予想することができます。

これを説明できる補助金サポーターは、信頼できると言えるでしょう。

採択実績は信用できない

よく、補助金の採択実績を公表している補助金サポーターがいます。

もちろん参考にすることは構いませんが、採択実績を鵜呑みにしてはいけません。

例外を除いて、基本的に補助金サポーターの実績はどこにも公表されません。

加えて、補助金サポーターは支援した企業名を公表することは、先方から許可を得ない限りしてはいけません。

補助金サポーターは仕事の性質上、会社の事業戦略を深く知ることになるからです。

機密情報保持の観点から、口外できないことが多いため、採択実績は根拠を持って示すことができません。

裏を返すと、採択実績は操作することができてしまうんですね。

あるいは、補助金の事業にほんの少ししか関与していないのに、採択実績として掲げている場合もあるでしょう。

そのため、採択実績はあくまで参考として捉え、信用できる補助金サポーターかどうかは、どれだけ誠実で先見の明を持っているかで判断するのが良いと思います。

もっと言うと、あなたの事業をよりよくするために、どれだけ考えてくれる人なのかを確認しましょう。

人は、補助金が申請できると聞くと、つい申請したくなるものです。

自分の利益のためだけに、中には採択される見込みがほとんどないのに申請を勧める補助金サポーターもいます。

あるいは、それが今本当に必要な先行投資なのかをあなたに問いかけることなく言われた通りに支援する方もいるでしょう。

意外に思われるかもしれませんが、私は補助金を申請したいという方から相談いただいても、お断りするケースが少なくありません。

それは、お客様自身の中長期的な見通しが立っておらず、事業投資の費用対効果をイメージできていない場合が多々あるからです。

補助金サポーターの使命は単に補助金を申請することではなく、補助金を通してあなたの事業をもっと早く、もっと大きくすることだと信じています。

信用できる補助金サポーターか判断する際には、あなたのことを本気で考えてくれる方かどうか、という視点をぜひ持ってください。

自力では難しい補助金の種類

事業再構築補助金（中小企業庁）

この補助金は、新型コロナウイルスの感染拡大によって創設されることになった補助金です。

令和二年度第三次補正予算で1兆円以上の予算を計上されたことで話題となりました。

この補助金の申請要件を簡単に説明しますね。

一つがコロナの影響で売り上げが10％以上下がっていること。

もう一つが事業存続のために、設備投資をしながら新たな事業を立ち上げようとしていることです。

令和二年度第三次補正事業再構築補助金公募要領（第4回）によると、補助金の上限金額が1億円、補助率は最大で3／4と、ほかの補助金と比較して非常に金額面の条件が良いのが特徴です。

さらに、新型コロナウイルスの影響で売り上げが30％以上減少している企業については、緊急事態宣言特別枠と言って、採択率が非常に高い50％〜70％の枠に応募することができます。

まさに、新型コロナウイルスの影響をチャンスに変えるための補助金と言って良いでしょう。

しかしこれは自力で申請することは非常に難しい補助金となっています。

理由は大きく分けて二つあります。

一つ目は、申請するためには経済産業省の制度で、認定経営革新等支援機関に選ばれた専門家から計画書を確認してもらう必要があるからです。

事業再構築補助金の申請を行う時には、親身になってあなたの事業を支えてくれる認定経営革新等支援機関を探しましょう。

二つ目は、事業の要件確認が非常に煩雑だからです。

詳しくは割愛しますが、補助金を使って行う取り組みの内容によって「新分野展開」「業種転換」「業態転換」など、細かく分類されていて、さらに分類ごとに申請の要件が異なるからです。

加えて、公務員特有の言葉遣いがあるため、普段から公文書を読み慣れている方でない限り、何を書いているか解読ができないと思います。

このような理由から、コロナで大打撃を受けているのに補助金の使い方がわからない、という経営者が続出しています。

あなたの会社が申請できるかどうかは、決算書などの書類があれば簡単に確認することができるので、補助金の申請を検討しているのであれば、信用できる認定経営革新等支援機関に相談してみると良いでしょう。

事業承継・引継ぎ補助金（中小企業庁）

この補助金は、事業を後継者に引き渡すことや、M＆Aを行うために必要となる、専門家への謝金をコストカットできるものです。

その他、事業を引き継いだ2代目経営者が、その後何か新しい取り組みを行うための設備投資費用なども補助金の対象となります。

日本は少子高齢化が進んでいる、という話は聞いたことがありますよね？

この影響が具体的にどのようなところに出ているのかと言うと、企業の後継者不足問題です。

これは企業だけに限った話ではありませんが、社長の後継者がいない場合、たとえ会社が黒字経営をしていたとしても、会社を畳まなければなりません。

すると、会社で雇っていた従業員は職を失うことになります。

後継者不足問題を解決しなければ、会社は倒産して法人税を得られなくなりますし、国民の仕事がなくなり、豊かな日本からは遠ざかってしまいます。

年を取ることは変えることができないため、国としては、この後継者不足問題を解決する方法の一つとして、事業承継やM＆Aを推進しているんですね。

事業承継やM＆Aに関する補助金は経済産業省がさまざまな企業と連携して、補助金を募集しています。

例えば令和二年度第三次補正予算事業承継・引継ぎ補助金（専門家活用型）は、補助金の上限額が600万円、補助率は2／3です。

こちらの補助金の特徴は、なんと言っても事業を買う側と事業を売る側の双方が補助金でコストカットが可能ということです。

例えばマグロの競りをイメージすると良いでしょう。

マグロを売りたい業者は金額をどんどん引き上げて、より高値で売りたいと考えています。

逆に、マグロを買いたい業者はできるだけ安値で買いたいと考えています。

このとき、買い手と売り手の意見が一致すると、取引が成立しますよね。

これと同じことが、事業をM＆Aする時にも起きます。

ただし、マグロと違って、その事業の価値が果たしていくらなのか、そして本当に信用できるのか一見わからないんですね。

収益性はもちろんですが、借り入れの有無や残業代の未払いなど、色々な要素が絡み合っているので、公認会計士が行う企業価値算定やマッチング支援が必須となります。

つまり、公認会計士に支払う費用は、事業をM&Aするのであれば、必ず生じる費用なんですね。

M&Aの場合は、事業を売りたいA社側と、事業を買いたいB社側のマッチングを行います。

そこから値段交渉に入るわけなので、売り手側と買い手側の両方が公認会計士に報酬を支払っています。

事業承継・引継ぎ補助金は、この両者が公認会計士に支払っている費用をそれぞれ補助金で補填できる制度なのです。

さらに、この補助金は申請要件が複雑で、補助金事務も併せて行うことができる会計事務所が少ないので、申請者数が少ないんですね。

過去の実績をみると、当時の採択率が約8割と、非常に高くなっています。

将来的に事業を売却したり、購入したりしたい企業にとっては、非常に使いやすいものになっています。

ちなみに、国としては、M&Aを信頼できる専門家に任せるため、M&A支援機関の認定制度を創設しました。

複数の補助金を使い倒す方法

経営者にとって一番の手間は？

補助金は一度にたくさんの種類を申請することができます。

コストを下げて、事業を拡大したいと考えている優れた経営者は、使える補助金はすべて使って事業を行っています。

中には、自分の会社に使える補助金がないか毎日チェックしている経営者までいるほどです。

では、補助金を使いこなしている経営者にとって、一番の手間はなんだと思いますか？

それは、自分の会社に合った補助金を探す手間と、補助金の申請サポートができるサポーター探しです。

補助金の申請サポーターは一人いれば良いと思うかもしれませんが、実は補助金サポーターの中でも特定の補助金しか申請支援をしていない専門家もいます。

補助金は毎年数百種類が募集される中で、補助金の内容を正確に理解し、経営者にピッタリの補助金を提案するのは、片手間では到底できません。

よく「顧問税理士に補助金の相談をしたら断られた」という話を聞きます。

税理士は、本業の税理士業務で手一杯なことが多く、補助金にかけられる時間はそう多くはありません。

加えて、申請サポートに入った場合、補助金の公募要領を読み込んで、経営者の話を聞いて、事業計画書の作成を支援して、など到底時間が足りません。

言い換えると、割に合わない業務なのですね。

このように、顧問を雇っていたとしても、その方が補助金に詳しいとは限りません。

国や都道府県の将来的な政策を読み切り、経営者ごとに最適な補助金情報を提案できる補助金サポーターはまだまだ少ないです。

だからこそ、経営者はどんな補助金でも対応してくれる補助金サポーターを探しているんですね。

複数の補助金を使い倒す方法

複数の補助金を使い倒す方法は至ってシンプルです。

私が提唱しているのは、税務顧問と補助金サポート事業をすべて行える企業にバックオフィス業務を一任することです。

顧問税理士はA社、補助金はB社と分けた場合、補助金を申請する時にほぼ確実に決算書などの税理士が整理する資料が必要になります。

私が補助金サポートをした会社の中には、顧問税理士からの資料の共有が遅い、あるいは税務顧問を乗り換えられることを恐れて経営者に補助金を申請しないことを助言するなど、補助金の事務手続きがうまく進まないばかりか、経営者の足を引っ張るような税理士がいました。

これは決して、税理士を否定しているわけではありません。

ですが、補助金によっては応募期間が10日しかないものもある中で、資料集めの段取りがうまく進まないのは、非常にストレスになります。

世の中には色々なタイプの経営者がいますが、その中でも事業をどんどん拡大し、雇用を増やし、社会に良い影響を与えたいと考えている優れた経営者との相性は考えなければなりません。

一方で、もしバックオフィス業務を統一できれば、補助金申請に必要な資料のほとんどはすでに手元にある状態です。

税務顧問の一環として、定期的な面談を行う中で、補助金の案内をスピーディーに行うこともできます。

事業の内容は税務顧問として概ね把握しているので、事業計画書をつくるときのヒアリングの時間も短縮できます。

経営者からみると、補助金を申請するためのハードルが全く異なることがわかるでしょう。

事業拡大したその先の未来

あなたにとっての事業のゴールは？

ここまで、補助金を使って事業をどうやって成功させるか、という話をしてきました。

さて、ここであなたに質問したいことがあります。

あなたにとっての事業のゴールはなんでしょうか？

たっぷり利益を稼いで、より良い生活をすることでしょうか？

従業員を数百名雇えるような、社会的インパクトの大きい会社をつくることでしょうか？

それとも、チャレンジし続けられる自由で柔軟な、やりがいのある生き方をすることでしょうか？

この問いには正解はありません。

すべて正解だと思いますし、ぜひそのゴールを目指して、事業をしていただきたいと願っています。

ゴールは人それぞれ違うことはわかりましたが、実は共通したもう一つのゴールがあります。

それは「事業の第一線から退く時が必ず来る」ということです。

事業を受け渡す前に考えてほしいこと

いまどんなに若いとしても、いつかは年を取り、やがて自分の財産を誰かに引き継いでいかなければなりません。

会社も自分の財産も簡単に受け渡すことができれば良いのですが、実は簡単にはいきません。

それは「相続する時に税金がかかる」からです。

私は会計事務所に所属していますので、税理士に同行して事業の承継を考えている経営者と話す機会があります。

事業が軌道に乗れば、会社として土地や建物、設備を購入し、多くの従業員を抱えていると思います。

会社の業績が良ければ良いほど、株価は上がります。

株価が上がると、実は会社を相続する時に支払わなければならない相続税が増えます。

そして厄介なのが、その相続税は「財産を受け継ぐ人」が支払わなければならないということです。

例えば、あなたが会社を成功させて莫大な資産を作ったとします。

創業から30年、そろそろ現役を退き、息子に会社を継がせようと考えています。

しかし、相続の手続きを進めようとした段階で、息子が数千万円もの相続税を支払わなければならないことがわかりました。

手持ち資金がなければ、息子は銀行から借金をして相続税を支払わなければなりません。

日本のルールとして、相続税を全く支払わない方法はありません。

しかし、相続をスムーズに行い、あなた自身も、引き継いだ方も無理なく相続する方法を探すことはできます。

これは、補助金サポート事業や税務顧問だけではなく、個人の相続や事業承継に精通している湘南フロンティアグループだからこそできることです。

税務顧問を我々に変える必要はありません。

ただ、何か困った時に気軽にお声掛けいただけるような、そんな存在でありたいと思っています。

おわりに

官僚という肩書きを捨てたあの日

2020年3月、新型コロナウイルスが国内で猛威を奮い始めた頃に、私は農林水産省を退職しました。

少しだけ、昔の話をさせてください。

私は秋田の貧乏農家に生まれました。

物心ついた時には、おじいちゃんに背負われ、田んぼの見回りに行ったり、稲刈りの時期になるとわからないなりにできることを手伝ったりしていました。

高校3年生、大学を選ぶときも、どうせなら農業に関わる勉強がしたいと思い、岩手大学農学部に進学しました。

大学で日本の農業について学んでいくうちに、すごく稼いでいる農家と、一向に豊かにならない農家がいることを知りました。

私の脳裏には、毎日朝から晩まで、痛い膝をさすりながらお米を作るおじいちゃんとおばあちゃんの姿が浮かびました。

そのとき「もっと良い制度を私が創れば、もっと農家は豊かになるはず。そしたら日本はもっと良くなる」と思い至り、その想いだけを武器に、農林水産省国家総合職区分の内定を勝ち取りました。

実は、官僚になるための試験は採用区分ごとに最終合格者の順位が公表されます。

私は6位でした。

強烈な想いさえあれば、そのとき能力がなくても、望む未来が掴めることを学びました。

農林水産省に入ってからは、身に余る大役を務めさせていただきました。

東日本大震災をはじめとした全国の災害対応をはじめ、沖縄県宮古島市の地下ダム開発プロジェクトへの参画、田舎の起業家を支援する補助金の制度設計など、私が農林水産省でやりたかったことすべてがこの5年間に集約されていたのは間違いありません。

しかし、そこで知ったのは「農家がもっと豊かになるための制度はもうすでにあった」という事実でした。

本当の原因は良い制度がないことではなく、良い制度があることを伝える人がいないことにあったんです。

私がどんなに公務員としてのレールを築いたとしても、あの頃思い描いていた理想には届かないことを悟りました。

キャリア官僚としての出世コースはあったかもしれませんが、辞表を届け出ました。

もしあのとき、安定を求めて、農林水産省に残っていたら……。

もしあのとき「やりたいこと」ではなく、自分の肩書きを守っていたら……。

私はまだ、経営の最前線を知らないまま、誰に届くかわからない制度を作っていたかもしれません。

私は官僚の働きを批判したいのではありません。

私の同期をはじめ、官僚の皆さんは、判断一つで国の方針が決まる政策の最前線で、国民のため一生懸命働いています。

彼らが心血を注いで作ってくれた制度を、今度は私が民間の立場で伝えていきたいのです。

公務員が制度をつくり、私が制度を広めていく。

これでちょうど、車の両輪が揃ったと言えるでしょう。

官僚を辞めた後、営業と売り上げの伸ばし方を勉強するため、人材会社に転職し法人営業を泥臭く行いました。

その後、半年で営業ノウハウを学び、補助金サポーターとして個人事業を開業しました。

華々しい成功物語に聞こえるかもしれませんが、独立後も決して楽なことはありませんでした。

資金繰りを軌道に乗せることができず、一時は家賃を払えるかどうか、というところまで落ちぶれました。

「お金を貸してください」と妻につい漏らしそうになり、ギリギリのところで踏みとどまった時には、甲斐性のない自分に嫌気がさしました。

なんとか資金繰りを改善できたことで、経営者の皆さんが常々考えている資金繰りの悩みについて、共感することができるようになりました。

そんな時に、色々なご縁で湘南フロンティアグループの取締役として招聘いただきました。

ありがたいことに実績が買われ、今は補助金だけではなく経営マネジメントの相談をいただくことが増えてきました。

また、私が今こうしていられるのは、貧乏な中でも不自由なく育ててくれた家族のおかげです。

お母さん、おばあちゃん、祐太、そして天国のおじいちゃん。

この場をお借りして、お礼申し上げます。ありがとうございます。

補助金サポートを仕事にしたい方向けの情報を発信

補助金サポーターとして活動をして感じたことは、補助金をわかりやすく伝えられる人材が非常に少ないということです。

補助金サポート料が高いと言う経営者がいますが、それはごく自然なことです。

補助金サポートをできる専門家が極端に少ないのに対し、補助金を使いたい経営者は膨大にいるのですから。

補助金は種類によってルールが異なるのに加え、ルールが頻繁に変わります。

そのため、他の士業のように、体系的に学べる教材がありません。

加えて、公文書の作成に携わっていない方にとって公文書の解読は、独学で学ぶには大変です。

そこで私は、補助金サポート事業をこれからチャレンジしたい方向けに公式ホームページを立ち上げました。

どこでも場所を選ばず、優れた補助金サポーターになるためのノウハウや営業方法、独立の方法などの勉強ができます。

優れた補助金サポーターが増えれば、より多くの方に補助金や制度を届けることができます。

あらゆる社会の変化を読み切り、制度を経営者に伝え、共に成長していく。そんな未来を掴みたい方は、ぜひ公式ホームページをご覧ください。

https://fujii-kosuke.com/

サービスの名称	どんなことを知ることができるか？	補助金サポーターとしての使い方
ミラサポplus	中小企業庁による、中小企業向けの補助金や政策情報をまとめたサイトです。補助金だけではなく、国の支援がわかりやすくまとめられています。	経営者から「うちの会社に使える制度はありませんか？」と聞かれたらミラサポplusで探します。事例集が豊富で分かりやすいので、経営者の状況に近い事例を探す時に重宝しています。
	URL：https://mirasapo-plus.go.jp/	
jGrants	デジタル庁が運営している補助金の電子申請システムです。キーワードやテーマを入れることで補助金を簡単に検索できるので、業種や用途ごとにどんな補助金が申請できるかを調べることができます。	お客様から補助金の案件を頂いた時の要件確認や必要書類、入力しなければならない情報を調べる時に使います。公募要領では分かりづらいところも、このサイトを調べるとすぐに解決することがあります。
	URL：https://www.jgrants-portal.go.jp/	
経済産業省 メールマガジン	経済産業省が運営するメールマガジンで、ほぼ毎日のように政策情報が届きます。経済産業省の最前線で議論されている政策内容を知ることができます。	中小企業の支援制度が１年後～３年後にどのように変わっていくかをお客様に話す時に、このメールマガジンの情報が重宝します。政策の話は情報感度の高い経営者には非常にウケるので、話題作りとしても定期的に勉強しています。
	URL：https://www.meti.go.jp/index.html	
東京商工会議所 メールマガジン	東京商工会議所が運営するメールマガジンです。経営、人材、観光など、テーマ別に欲しい情報を選ぶことができます。情報も実用的なものが多く、例えば経営に関する制度を実際に活用したい場合にどうすれば良いか丁寧に解説されています。	補助金では解決できない経営者の悩みを解消するための情報集めを行っています。商工会議所は全国にあり、地域によって細かいサービス内容は異なると思いますが、基本的なサービスは同じです。ちなみに会員にならなくても商工会議所のサービスは受けられる場合が多いです。
	URL：https://www.tokyo-cci.or.jp/	

〈著者紹介〉

藤井孝介（ふじい こうすけ）

秋田県大仙市（旧神岡町）生まれ。

岩手大学農学部卒業後、農林水産省入省。10億円規模の公共事業の入札や施工管理、補助金の制度設計、広報を担当。

官僚時代は補助金説明会の担当をしていたが、補助金を創る側から使う側へ活動の軸足を移したいと思い、2020年に補助金サポーターとして独立。2021年９月株式会社湘南フロンティア取締役就任。補助金事業、営業、経営マネジメント、マーケティングに従事。大手銀行の社内勉強会、東京商工会議所や上場企業で補助金セミナーを開催。業種問わず、全国各地の補助金申請支援に注力している。初見の補助金に強く、過去に採択された補助金は12種類を超える。

補助金《ほじょきん》から学《まな》ぶ経営者《けいえいしゃ》マインド

2023年3月17日　第1刷発行

著　者　　藤井孝介
発行人　　久保田貴幸

発行元　　株式会社 幻冬舎メディアコンサルティング
〒151-0051　東京都渋谷区千駄ヶ谷4-9-7
電話　03-5411-6440（編集）

発売元　　株式会社 幻冬舎
〒151-0051　東京都渋谷区千駄ヶ谷4-9-7
電話　03-5411-6222（営業）

印刷・製本　中央精版印刷株式会社
装　丁　　弓田和則

検印廃止

Printed in Japan
ISBN 978-4-344-94341-4 C0034
幻冬舎メディアコンサルティングＨＰ
https://www.gentosha-mc.com/